Anton Schlossar

Kultur-und Sittenbilder aus Steiermark: Skizzen, Studien und Beiträge zur Volkskunde

Anton Schlossar

Kultur-und Sittenbilder aus Steiermark: Skizzen, Studien und Beiträge zur Volkskunde

ISBN/EAN: 9783337304652

Hergestellt in Europa, USA, Kanada, Australien, Japan

Cover: Foto ©Suzi / pixelio.de

Weitere Bücher finden Sie auf **www.hansebooks.com**

Cultur- und Sittenbilder

aus

Steiermark.

Skizzen, Studien und Beiträge zur Volkskunde

von

Dr. Anton Schlossar.

Scriptor der k. k. Universitäts-Bibliothek in Graz.

Graz 1885.

Verlag von Friedrich Goll.

Vorwort.

Die nachstehende Sammlung von Aufsätzen, Skizzen und Studien bietet eine Reihe von mir früher einzeln veröffentlichter Arbeiten, welche zumeist die Volkskunde und Ethnographie Steiermarks betreffen. Alle diese Aufsätze wurden nun ganz umgearbeitet und größtentheils erweitert, hier aber derartig aneinandergereiht, daß in den ersteren von Seite 1—77, die Folge der Zeit im Jahreslaufe eingehalten erscheint, in welcher die bezüglichen Spiele, Gebräuche u. dgl. in Uebung sind oder waren. Die Anfügung der übrigen geschah ebenfalls in möglichst übersichtlicher Weise. Dem Freunde der Volkskunde und dem Verehrer unseres schönen Alpenlandes überhaupt hoffe ich keine ganz unwillkommene Gabe zu bieten und manchen neuen Beitrag zur Geschichte unserer volksthümlichen dramatischen Poesie sowie zur Kenntniß von Sitten und Gebräuchen im Lande mit den nachfolgenden Blättern geliefert zu haben. Meine Quelle war stets das Volk selbst, welches diese Skizzen behandeln, sei es auf Grundlage eigener Wahrnehmung oder unzweifelhaft authentischer Aufzeichnungen, welche mir von gewissen, dem Gegenstande Näherstehenden, längst durch ihre Namen hervorragend bekannten Gewährsmännern zu Theil geworden sind. Zu letzteren zähle ich insbesondere den im Sammeln und Aufbewahren alter Volksüberlieferungen unermüdlichen hochw. Herrn Anton Meixner in Gabersdorf, den hochw. Herrn Dechant Simbürger in Schöder und den hochw. Herrn Pfarrer Schänzl in Schäffern. Auch von anderer Seite jedoch wurde mir freundliche Unterstützung zu Theil und ich muß allen genannten und ungenannten Förderern dieser und ähnlicher von mir fortgesetzt betriebener Arbeiten meinen besonderen Dank an dieser Stelle ausdrücken.

Es dürfte in den Rahmen des Ganzen passen, wenn ich das Lebensbild des leider so ganz vergessenen Dichters Franz Dirnböck nebst einigen Proben seiner ge= müthvollen Poesien, nach Mittheilungen, die mir durch die Familie des Verewigten geworden sind, sowie einige Volks= märchen beifüge, welche dem steirischen Boden entstammen.

Damit möge dieses Büchlein dem freundlichen Leser als eine Gabe, die zur Kunde über das Volk Steiermarks manchen bisher nicht bekannten Beitrag enthält und vielleicht auch anregend und unterhaltend wirkt, geboten sein.

Besonders dankbar wäre ich, wenn der Eine oder Andere, welcher das Bändchen zur Hand nimmt und Einzelnes aus dem Leben des Volkes beobachtet oder wohl gar aufgezeichnet hat, mir darüber Mittheilung zukommen lassen würde.

Graz, im Herbste des Jahres 1884.

Dr. Anton Schlossar.

Ein Dreikönigsspiel im steirischen Wechselgebiete.

Wie für mehrere der hohen Festzeiten des Jahres, so haben sich auch für den Tag, welcher nach der Bestimmung der katholischen Kirche den „heiligen drei Königen", den Weisen aus dem Morgenlande, die dem Christuskinde nach seiner Geburt ihre Gaben darbrachten, geweiht ist, an vielen Orten Deutschlands und darüber hinaus besondere Gebräuche erhalten, welche theils christlichen Ursprunges sind, theils in ihren Grundzügen auf Uebungen aus der vorchristlichen Zeit hinweisen. Vielfach finden sich Spuren jener Festlichkeiten, die in grauer Vorzeit der Periode der Wintersonnenwende gelten, auf den Dreikönigstag verlegt. Ja dieser Tag war in vielen deutschen Gebieten einst geradezu der deutschen Göttin Perchta geweiht, unter welcher wir uns die segenspendende oberste weibliche Gottheit zu denken haben, welche Sonnenschein, Regen und alle Naturkräfte in ihrer Gewalt hat und auch als Frau Holle, Holda, Hulda bis heutigen Tages eine unserer Sage und Volksanschauung sehr geläufige Gestalt geblieben ist. An diesem

Tage wurde viel heiteren Mummenschanzes gepflogen und
in England finden heute noch verschiedene Festlichkeiten
an dem Dreikönigstage statt, welcher daselbst der zwölfte
(twelfth-day, nämlich vom Christfeste an gerechnet) genannt
wird, eine Bezeichnung, welche an diejenige der zwölf
„Rauhnächte“ oder „Rauchnächte“ in Steiermark erinnert.
In den Niederlanden ist das Mahl des „Bohnenkönigs“
auf diesen Zeitpunkt verlegt und die damit im Zusam=
menhange stehenden Festgebräuche, in Norddeutschland
und in den meisten Theilen Süddeutschlands aber ist die
christliche Anschauung vollständig durchgebrungen, und
die „drei Könige mit ihrem Stern“ ziehen mehr oder
minder feierlich von Haus zu Haus, bald fromme Sprüche
recitirend, bald auch führen sie förmliche kleine Spiele
auf, die an die Geburt Christi und an den darauf
erfolgten Besuch der drei Könige an der Krippe erinnern.
Zumeist sind es jüngere Leute, oft Kinder, welche einfach
genug als Könige costumirt auftreten, unter denselben
befindet sich gewöhnlich ein Mohr mit geschwärztem Ge=
sichte, der den Mohrenkönig der biblischen Ueberlieferung
repräsentirt. Da diese Spiele auf ein mitunter Jahr=
hunderte langes Alter hinweisen und in der That Stücke
enthalten, welche nachweisbar mit Theilen ähnlicher Spiele
des späteren Mittelalters correspondiren, so haben sie
ein besonderes cultur= und literargeschichtliches Interesse.

In unseren Alpenländern sind die Dreikönigsspiele
nicht minder verbreitet, am wenigsten jedoch in der
Steiermark. Im Oberlande der Letzteren wird die Nacht
zum Dreikönigstage als eine der zwölf „Rauchnächte“,
deren oben Erwähnung geschah, betrachtet. Der Name

dieser Nächte rührt daher, weil in einer derselben der
Hausvater im Vereine mit den übrigen Hausgenossen Haus
und Stall, kurz, alle zur Wirthschaft gehörigen Räume,
eine Glutpfanne in der Hand, durchschreitet und mit
besonderem Waldweihrauch, welcher aus den großen
Ameisenhaufen gesammelt wird, eine Durchräucherung
aller dieser Localitäten vornimmt. Diese Räucherung gilt
dem Verbannen böser Geistergewalten und hat in diesem
Sinne zweifelsohne vorchristlichen Ursprung, andererseits
wird bei derselben Gelegenheit auch mit Fichten= oder
Tannenzweigen aus einem mitgetragenen Weihwassergefäß
jeder Raum mit diesem Wasser besprengt, und endlich
schreibt man an vielen Orten die Anfangsbuchstaben der
Namen der hl. drei Könige C. M. B. (Caspar, Melchior,
Balthasar) nebst dazwischengesetzten Kreuzchen mit Kreide
an die Stubenthür. Die Sprengung und das Aufschreiben
der Namensbuchstaben deuten natürlich auf christliche
Anschauungen, welche sich in dieser Form also in unserer
Steiermark mit vorchristlichen gemischt als alter Volks=
gebrauch erhalten zu haben scheinen.

Jn einigen Gegenden Steiermarks sind auch Drei=
königsspiele gebräuchlich, und zwar ist dies vorwiegend
im östlichen und nordöstlichen Theile der Fall. Wie in
den darangrenzenden Gebieten Niederösterreichs und des
deutschen Territoriums von Ungarn ähnliche Volksspiele
vorkommen, so auch in den steiermärkischen Gegenden
südlich und westlich von den Fischbacher Alpen um
Hartberg, Birkfeld, Friedberg und am Fuße des in zwei
Ländergebiete reichenden Wechsels. Jm steirischen Wechsel=
gebiete findet sich ein heute noch übliches Dreikönigsspiel,

1*

das in seinem Texte an dieser Stelle mitgetheilt sein
möge und das allerdings in derselben Weise auf nieder=
österreichischem Boden, wenigstens auf dem Grenzgebiete
verbreitet erscheint. Es weist neben den christlichen auch
derbe volksthümliche Momente auf, und dürfte umsomehr
die eingehendere Besprechung von Interesse sein, als
bisher kein Dreikönigsspiel, das auf dem Boden Steier=
marks aufgeführt wurde, ausführlicher bekannt geworden ist.

Das Spiel wird nicht nur am 6. Jänner, als an
dem eigentlichen Feste der heiligen drei Könige (Erscheinung
des Herrn), sondern auch wohl einige Tage vor und nach
demselben zur Aufführung gebracht, und zwar wird es
durch vier Knaben von 10 bis 14 Jahren dargestellt,
von denen drei als die Könige costümirt sind, d. h. sie
haben über ihrem gewönlichen Anzuge lange weiße Hemden,
welche bis über das Knie hinabreichen und in den
Hüften von einem rothen Papiergürtel zusammengehalten
werden; aus ähnlichem Papier ist eine Krone ausge=
schnitten und deckt ihren Kopf, an der Seite eines Jeden
hängt ein hölzernes Schwert. Der Eine trägt ein goldenes
Scepter, der Zweite einen hohlen Papierstern, welcher
durch eine Kerze im Inneren beleuchtet ist, an einem
Stocke. Eine mechanische Vorrichtung gestattet, diesen
Stern während des Spieles und Gesanges bis zu zwei
Metern weit vorschießen zu lassen und wieder zurück=
zuziehen. Sowohl der Stern als auch der dritte im
Gesichte geschwärzte Mohrenkönig erregen bei der zu=
sehenden Jugend besonderes Interesse, welches durch die
erwähnte Bewegung des Sternes noch mehr gesteigert
wird. Eine heitere, hanswurstartige Gestalt, die lustige

Person des alten Volksspieles vertretend, ist der vierte
Spieler, der sogenannte „Zögerbua", welcher einen Trag=
korb oder „Zöger" zum Einsammeln der erwarteten,
meist in Victualien bestehenden Gaben mit sich führt und
durch eine Larve mit großem Schnurrbart u. dgl. besonders
komisch herausgeputzt ist, auch den hölzernen Säbel aus
der Scheide gezogen in der Hand trägt und endlich eine
Art von Reisepaß vorweist, welcher, in humoristischer
Weise abgefaßt, seine Person beschreibt.

In diesem Aufzuge ziehen die Spieler von Haus
zu Haus, von Dorf zu Dorf, überall freundlich, von der
Kinderwelt mit Jubel aufgenommen. Ihr Spiel findet
gewöhnlich in einer größeren Stube statt, die ihnen
gerne hiezu eingeräumt wird. Dasselbe beginnt damit,
daß die drei Könige zuerst ohne den „Zögerbua" in's
Zimmer treten, sich an der Thür aufstellen und den
Gesang folgender Verse zusammen anstimmen:

„Hört an, es wollen Gott loben und ehr'n
Die heiligen drei König mit ihrem Stern.
Wir kommen daher in schneller Reis'
Gar weit in dreizehn Tagen mit Fleiß.
Wir reisen vor des Herodes Haus,
Herodes schaut beim Fenster heraus.
„Ihr edlen Herr'n, wo wollt Ihr hin?"
„Nach Bethlehem steht unser Sinn."
Herodes sprach aus Uebermuth:
„Bleibt heut' bei mir und nehmt für gut.
Ich will Euch geben Heu und Streu
Und will Euch halten zehrungsfrei.
Ich will Euch geben Fisch, Wild für g'wiß,
Zeigt dann, wo der neu' König is."
„Wollt Ihr, Herodes, uns recht erkennen."

Wir trauen Euch unſer'n Stand zu nennen.
Wir ſind die drei Könige vom lichten Stern,
Wir brächten dem Kindlein ein Opfer ſo gern.
Wir reiſen über den Berg hinauf
Und ſehen den Stern am Hauſe d'rauf.
Wir treten dann in das Haus hinein
Und finden Maria und 's Kindelein."
Der Joſef ganz ſtill beim Kripplein ſaß,
Er ſchauet und ſtaunt und erfahret was.
Der Joſef nahm das Kindelein
Und wickelt es in ein Windelein.
Der Joſef nahm das Kindelein
Und legt es in ein Krippelein.
Der Joſef nahm das Krippelein
Und ſtellt's zwiſchen Ochs und Eſelein.
Das Oechslein und das Eſelein
Erkennen Gott den Herren ſein.
(Alle drei niederknieend):
Es waren zwei unvernünftige Thier'
Wir fallen auch nieder auf unſere Knie(r)
Und beten den lieben Heiland an,
Der von uns Allen die Sünde nahm."

Der erſte König tritt nun vor, geht auf und ab
und bleibt vor dem Tiſche, auf dem ein Crucifix ſteht,
oder vor dem in der Stube befindlichen Hausaltar ſtehen,
vor welchem er das goldige Scepter als Zeichen der
Huldigung niederlegt und am Schluſſe ſeiner Rede das
Knie beugend ſpricht:

„Ich bin der König vom Morgenland,
Nach Bethlehem bin ich geſandt;
Darum bin ich auch weit kommen her,
Daß ich erfahr' ein' neue Mähr':
Ein neuer König iſt uns gebor'n

Sonst wären wir Alle zumal verlor'n.
Ein Goldstück leg' ich ab
Dem Kind zu einer Gab'."

In ähnlicher Weise spricht der zweite König mit
dem Sterne vortretend:

„König bin ich von Syrienland
Nach Bethlehem bin ich gesandt.
Darum bin ich weit kommen her,
Daß ich erfahr' ein' neue Mähr',
Ein neuer König ist uns gebor'n,
Sonst wären wir Alle zumal verlor'n.
Den Weihrauch leg' ich ab
Dem Kind zu einer Gab'."

Als Dritter tritt der „Mohrenkönig" hinzu und
spricht:

„Ich, der König vom Mohrenland,
Nach Bethlehem bin ich gesandt.
Darum bin ich weit kommen her,
Daß ich erfahr' ein' neue Mähr',
Ein neuer König ist uns gebor'n,
Sonst wären wir Alle zumal verlor'n.
Die Myrrhen leg' ich ab
Dem Kind zu einer Gab'."

Nach diesen ernsteren Worten tritt der „Zögerbua",
welcher inzwischen vor der Thür gewartet, herein und
richtet seinen Spruch im derben Volksdialect an die an=
wesenden Zuseher:

„Ich tritt herein ganz knödelfest
Und grüaß den Herrn und seini Gäst'.
Seini Gäst' und seini Goas.

Ihr möcht't a wiss'n, wia'r i hoaß:
I hoaß der Hansl Pferschakern,
Ess'n und trink'n that i gern.
Was liegt mir an die drei Königbuam,
Dö ess'n sonst nix als Kraut und Knabm,
Mir gebts a Stückl Fleisch und Speck,
Sunst bringts mi heut da nit vom Fleck,
A Wurst, dö glängt bei der Thür außi, beim
            Fenster eini,
Und i schnapps in mein Zöger schlenni!"

Diese kräftige Ansprache hat stets den gewünschten Erfolg und der Sprecher übernimmt die Gaben für seinen „Zöger"; es kommt auch wohl vor, daß die Spieler im Hause über Nacht behalten und verpflegt oder mit einem Mittag= oder Abendessen regalirt werden.

Den Schluß des Ganzen bildet ein Danklied an die Gabenspender, welches alle Vier zusammen singen und wobei die Könige während des Gesanges der letzten Verse ihre Kronen abnehmen. Dasselbe lautet:

„Wir haben bekommen die Gab' mit Pracht,
Wir wünschen Euch nun eine gute Nacht.
Wir steigen auf eine Lilien=Wies'
Und wünschen Euch Allen das Paradies.
Gott soll das Haus vor Streit bewahr'n,
Vor allem Unglück und allen Gefahr'n.
Wir rufen an die Dreifaltigkeit,
Die uns bewahrt zu jeder Zeit!"

Die vier Darsteller beziehungsweise Sänger ver= lassen nun den Schauplatz, wenn sie nicht zum Mahle oder zum Bleiben aufgefordert werden und begeben sich in das nächste Haus, das bei den im Alpengebiete so sehr zerstreuten Gemeinden oft recht weit entfernt ist.

Wir wollen ihnen eine glückliche Wanderung, die in jener rauhen Jahreszeit nicht selten durch Schnee und Wind führt, wünschen, dem Zögerbuam aber einen recht vollgefüllten Zöger. Der Inhalt desselben wird stets sehr gewissenhaft zwischen den jungen Spielern getheilt, die sich nicht wenig darauf zu Gute thun, Königskrone und Hanswurstgewand in jener weihevollen Zeit getragen und ihre Sprüchlein und Lieder gewandt vorgebracht zu haben.

Der obige Text ist durch einen freundlichen Pfarr= herrn jenes Gebietes aufgezeichnet und mir überlassen worden und hat sich jedenfalls im Laufe vieler Jahr= zehnte kaum wesentlich geändert, so daß man ihm wohl ein hohes Alter zuschreiben kann.

Der Fasching im steirischen Alpenlande und in dessen Grenzgebiete.

Wenn der Städter in den hellerleuchteten Sälen sich dem Vergnügen des Tanzes hingibt und im bunten Gewühl der Masken seine Freude sucht, am Schlusse der Faschingszeit aber diese rauschenden Festlichkeiten sich drängen, ohne eben einen anderen Charakter aufzuweisen, als die ganze Zeit vom Anfange des Jahres bis zum Beginne des Aschermittwoch hindurch, hat der Aelpler in den letzten Faschingstagen seine einfacheren, aber trotzdem verschiedenartigen und insbesondere sinnigen, oft eigenthümlichen Feste und Lustbarkeiten, deren Ursprung

mitunter in eine uralte Zeit hinaufreicht, ja auch wohl
Spuren altgermanischer Culte in einzelnen Zügen er=
kennen lassen. Dies ist der Fall beim Landvolke aller
deutschen Gauen, nirgends aber haben sich so viele
Spuren jener alten Erinnerungen in diesen Gebräuchen
erhalten, als im Volke des Alpenlandes, und der freund=
liche Leser soll die Volkssitte desselben in dieser Richtung
kennen lernen, zumal darüber noch wenig, aus manchen
Gebieten gar nichts bekannt geworden ist. Liegt doch an
und für sich schon so viel des Anziehenden darin, Brauch
und Sitte aus Gegenden zu erfahren, die zumeist ab=
gelegen von der Heerstraße der hier nivellirend auf=
tretenden Cultur der Neuzeit sich in conservativer Weise
an das von den Vätern Ueberkommene halten und so
dem nachspürenden Forscher manchen Anhaltspunkt bieten,
von dem aus er bis in eine graue, längst entschwundene
Vergangenheit zurückblicken kann.

Manche Berichte liegen in dieser Beziehung aus
Tirol und Salzburg vor, weniger aus Oberösterreich und
Kärnten, sehr dürftige seltsamerweise aus Steiermark und
Niederösterreich. Und doch kennt das Landvolk dieser
Alpenländer — von Niederösterreich ist ebenfalls nur der
gebirgige Theil ins Auge gefaßt — so manchen selt=
samen Gebrauch, der in den letzten Faschingstagen seit
Jahrhunderten gepflogen wird und an die Sitte ver=
gangener Tage gemahnt.

Schon der Donnerstag, welcher dem Aschermittwoch
vorhergeht, ist in dem niederösterreichisch=steiermärkischen
Gebiete des Wechsels und der Fischbacher Alpen ein
bedeutsamer Tag. Wurde auch in der vorhergehenden

Faschingszeit an Sonn= und Festtagen so manches Tänz=
chen im Dorfwirthshause und so mancher sich daran
knüpfende Schmaus abgehalten, so haben Tanz und
Schmaus doch erst von diesem Donnerstage an die wahre
Weihe, denn acht Tage darauf beginnt die langwöchent=
liche Fastenzeit und das strenggläubige Landvolk würde
es nicht wagen, vom Aschermittwoch an Fleisch oder Fett
zu genießen. Dafür entschädigt es sich an diesem letzten
Donnerstage vor der Fastenzeit, welcher aus diesem
Grunde auch den Namen der „foasti Pfingsttag", d. h.
der feiste Donnerstag (weil das Volk den Donnerstag
als fünften Wochentag noch allgemein Pfingsttag nennt),
erhält. An diesem Tage wird dann auch wacker gesotten
und gebraten und der für fette Speisen überaus schwär=
mende Aelpler vertilgt von Krapfen, Schmarrn und fettem
Schweinefleische so ungeheure Portionen, daß der Beiname
des Tages nur zu gerechtfertigt erscheint. Aber auch
andere Vergnügungen winken von diesem Tage an dem
Alpenbewohner, und der Name des „unsinnigen Pfingst=
tages", welcher in Tirol und wohl auch in Salzburg
vorkommt, deutet die tollen Lustbarkeiten an, denen man
sich nun in ungezügelter lauter Fröhlichkeit hingibt.

Zwei Tage später bietet der Faschingssonntag Ge=
legenheit zur Fortsetzung des lustigen Treibens. In dem
niederösterreichischen Berglande und in der Gegend Steier=
marks, welche der ungarischen Grenze nahe liegt, heißt
derselbe der „Burschensonntag", denn nun lassen die
jungen Burschen des Dorfes ihrer Heiterkeit die Zügel
schießen, Schelmereien und Schabernak aller Art finden
statt, Mummereien, Maskenzüge, freilich nur in primitiver

Form, bieten den Anlaß zu den verschiedensten Scherzen,
und dem Tanze wird nun auch bei Tage gar laut ge=
huldigt; jetzt erst paßt so recht das alte Sprichwort:

Im Fasching braucht der Teufel neue Häut',
Sei's vom Vieh oder von die Leut'.

Vielleicht rührt von dem Ausdrucke „der Burschen=
sonntag" auch die in der erwähnten Gegend Steiermarks
übliche Bezeichnung einer geselligen Trinkunterhaltung
mit: „Der Pursch" her, welche im ganzen Jahre ge=
bräuchlich ist. „Auf den Pursch gehen" bedeutet daselbst
gewöhnlich den Besuch eines Weinkellers, der selbstver=
ständlich Gelegenheit zu einer ausgiebigen Jause darbietet.

Vom obenerwähnten Donnerstage an darf über=
haupt nicht gearbeitet werden und selbst die Spindel,
welche die Mädchen doch auch zum traulichen Kreise ver=
sammelt hat, ruht. Jede Spinnerin weiß, daß Alles in
der letzten Woche vor dem Beginn der Fastenzeit Ge=
sponnene vom „Pfingsttag=Weibl" wieder aufgelöst wird.
Erinnert dieser Glaube nicht an die altgermanische Göttin
Perchta, welche mit Bertha der Spinnerin identisch er=
scheint, die das Korn= wie das Flachsfeld behütet, welches
ihr geweiht ist? Und an die Göttin Perchta erinnert ja
auch der berühmte Perchtentanz, welcher in Salzburg
in denselben Tagen noch üblich ist und in dem sich die
Spuren des alten Perchtadienstes auf diese Weise bis
heute erhalten haben. Die Perchtentänzer — es sind nur
Männer — ziehen von Haus zu Haus, selbst von Dorf
zu Dorf, phantastisch geschmückt, und überall gibt man
ihnen nach dem vorgeführten Tanze gerne die übliche

Gabe. Im niederösterreichischen und obersteirischen Gebiete hat sich noch eine andere Spur des Perchtacults erhalten. Der auf den Faschingssonntag folgende Montag heißt hier der „Froschmontag"; nach der volksthümlichen An- sicht darf an demselben unter keiner Bedingung Flachs gesponnen werden, sonst beißen die Frösche den nächst= folgenden Flachsanbau vom Felde ab und verursachen dem Landmanne großen Schaden, daher der eigenthümliche Name. Vielleicht läßt diese Sage auch die Annahme einer Beziehung des Frosches zu der Göttin Perchta zu, welche den Mythologen bisher nicht bekannt war.

Für die Tanzlustigen ist der Hauptfesttag der Faschingssonntag. Am Abende desselben beginnt die „Freimusik" im Dorfwirthshause, und wenn zu Hause das Vieh abgefüttert und die nöthigste Hausarbeit besorgt ist, begibt sich Jung und Alt oft auf Entfernungen von mehreren Stunden dahin. Die erwachsenen Mädchen be= gleitet der Hausvater selbst oder ein Bruder und nie wird eine Dirne ohne solche ehrenhafte Begleitung das Haus verlassen, hätte sie auch längst mit irgend einem Burschen schon ihre „Bekanntschaft" angeknüpft. Während der Tanz immer toller und lärmender wird und das Gewühl immer ärger, die Hitze immer größer, sitzen die Alten beim Glase Wein und verzehren mit Behagen die bald so sehr verpönten Schweine= oder Lammbraten, wohl auch nur einige Semmeln, nie aber fehlt der be= sonders für den weiblichen Theil der Gäste höchst an= ziehende Kaffee, welcher freilich mit dem Getränk, das der Städter unter diesem Namen kennt, oft nur den Namen gemein hat. In den Zwischenpausen des Tanzes führen die Burschen mitunter gesellige Spiele vor, die gewöhnlich in irgend einem scherzhaften Streiche gipfeln, der bei den Spielern sowohl wie bei den Zuschauern Heiterkeit erregt.

Indem wir das heitere Völkchen seinem lustigen Treiben überlassen, bietet uns die Zeit nach dem Fasching= sonntag noch Gelegenheit zu unseren Betrachtungen. An den darauffolgenden Montag knüpft sich eine frühere Sitte der katholischen Kirche, welche den Ausdruck des „blauen Montags" überhaupt erklärt. Es war nämlich gebräuchlich, an diesem Tage schon mit Bezug auf die vierzigtägige Fastenzeit die Kirchen mit blauen Tüchern auszuschlagen. Dessenungeachtet wurde dem Tanze und der Lustbarkeit gehuldigt und die beiden letzten Tage vor dem Aschermittwoch galten als Freudentage; der Handwerker stellte seine Arbeit ein, der Bauer that nur das Nöthigste, der „blaue Montag" war mit einem Worte nur der Ruhe und dem Vergnügen gewidmet. Im Laufe der Zeit aber fanden es die Handwerksgesellen bequem, diese Sitten des „blauen Montags" auf alle Montage im Jahre auszudehnen und damit die bekannte Unsitte zu begründen, welche den Ausdruck populär, aber auch anrüchig gemacht hat. In Kärnten und in den Gegenden Steiermarks, welche an Kärnten und Salzburg grenzen, nennt das Volk diesen Tag geradezu den „damischen (d. h. tollen, närrischen) Montag". An diesem oder an dem folgenden letzten Faschingstage findet ein eigenthüm= licher Umzug statt, der an eine Reihe ähnlicher Gebräuche in verschiedenen Gegenden Süddeutschlands erinnert und in ganz eigenartiger Weise vollzogen wird. Dieser Umzug

verräth manche uralte Sitte und möge in Nachfolgendem
geschildert werden. Er ist unter dem Namen des „Fasching=
rennens" insbesondere in jenem Theile des Alpengebietes
bekannt, wo die drei Länder Steiermark, Kärnten und
Salzburg aneinandergrenzen.

Das „Faschingrennen" ist eine Belustigung der
ledigen Burschen, welche sich schon eine Zahl von Sonn=
tagen vorher hiezu besonders einüben und gleichsam
Proben des aufzuführenden Schauspieles abhalten. Zwei
Dutzend solcher Bursche, bunt herausgeputzt, in möglichst
abenteuerlichen Costumen, sind die Darsteller und bilden
an dem bestimmten Faschingstage den Zug, welcher sich
durch die Hauptstraße des Dorfes bewegt. Vorne läuft
als Herold im Narrengewande ein Bursche mit einem
Stabe oder mit einem Besen, von welchem er den Namen
des „Wegauskehrers" hat. Zum Zeichen, daß er die
Bahn frei machen will, fegt er die Straße und die
Wände der Häuser ab und treibt dabei allerlei Possen.
Ein Trommelschläger, der sein gewaltiges Instrument
nicht schont, folgt diesem und Einer hinter dem Anderen
schließen sich die Uebrigen an. Diese sind weiß gekleidet,
das heißt sie haben meist weiße Hemden über den
Kleidern an, weiße Beinkleider, weiße Strümpfe und
rothe Strumpfbänder, eine weiße Papiermütze, spitzig oder
viereckig, deckt den Kopf. Die also costumirte Schaar
zieht auf einen freien Platz, macht dort verschiedene
Schwenkungen, windet sich zu einer Schnecke zusammen,
die dann wieder aufgelöst wird u. dgl. Eine eigene Rolle
fällt fünf bis sechs Burschen zu, die ein Roß, den Fuhr=
mann, den Schmied sammt Gesellen und den Hafer=

sammler darstellen. Der Bursche, welchem die Rolle des Pferdes zugetheilt wurde, ist mit einem Pferdegeschirr versehen, hat einen Kranz von Schellen um und wird von dem „Fuhrmann" am Zügel gehalten. Nach dem Tacte der Trommel springt, stampft und wiehert dieses „Roß", daß die Schellen klirren; inzwischen sind schon die Schmiede herbeigeeilt, mit Hammer, Zange und Nägeln, um das Pferd zu beschlagen. Selbstverständlich fehlt es nicht an einer Menge von Zuschauern, denn das ganze Dorf ist ausgezogen, um dem Spiele beizuwohnen. Die „Hafersammler" drängen sich unter das versammelte Publicum und verlangen Geld, um Futter zu kaufen, dringen wohl auch in die Häuser und heischen wirklichen Hafer, welcher in Säcke geschüttet wird, die sie mit sich tragen. An mehreren Orten sind kleine Varianten beim Faschingrennen üblich; es haben z. B. mehrere der Bursche ebenfalls Schellenkränze um den Leib, zwei tragen Glocken mit sich, ein Bärentreiber mit seinem zottigen Thiere ist dabei, mitunter fehlen auch einige Musikanten nicht, oft wird in den Häusern selbst getanzt, während der Darsteller des Pferdes vor der Hausschwelle bleibt; auch ist an manchen Orten ein „Abdecker" und ein als Weib verkleideter Bursche beim Zuge, welcher eine Wickel= kindpuppe auf dem Arme trägt. Letztere gibt neuerlichen Anlaß zu verschiedenen, oft recht derben Spässen und zuletzt fällt das „Pferd" um, der Abdecker aber führt es davon.

Die ganze tolle und bunte Gesellschaft durchzieht nicht nur das Dorf, sondern sie durcheilt vom Morgen bis zum Abend die Gemeinde und unterläßt es nicht, in den Häusern wohlhabenderer Bauern ihre Scherze zum

Besten zu geben, wofür neben dem Hafer und Geld auch andere Gaben, zumeist Victualien, als Lohn geboten werden. In Steiermark ist dieses Faschingrennen ins=besondere in den Gemeinden Schöder, Oberwölz, sowie in den nahen Ortschaften St. Peter, Ranten und in dem sogenannten Krakauthal noch heute im Schwange. Bemerkenswerth ist der Volksglaube, daß Derjenige, welcher dem Faschingrenner=Roß nichts gibt, im nächsten Sommer vom Hagelschlage betroffen wird. Ein anderer Glaube sieht die Faschingrenner im Bunde mit dem Teufel, welcher es veranstalte, daß die Burschen trotz eintretender Ermüdung immer wilder werden und vor Eintritt der Nacht vom Springen nicht ablassen können. Ueberall aber, wo dieses Rennen gebräuchlich ist, bietet der materielle Ertrag desselben den mitwirkenden Burschen die Mittel zu einem Schmause, der am Faschings=Dienstag Abends stattfindet und natürlich mit dem letzten Tanze ver=bunden ist.

Aehnlich erscheint der Umzug in dem Gailthale Kärn=tens, welcher das „Schimmelreiten" genannt wird, wobei ebenfalls statt eines wirklichen Pferdes ein Schimmel aus leinenen Tüchern zusammengestellt wird, auch erinnert das Faschingrennen in vielen Einzelheiten an den Perchtentanz.

In allen diesen Gebräuchen sehen wir Erinnerungen an die altgermanische Zeit und insbesondere an verschie=dene bestimmte Göttergestalten des deutschen Alterthums erhalten. Der Darsteller des Pferdes (Schimmels) ist eine stehende Figur, welche schon im alten Volksschau=spiele vorzukommen pflegt. Schimmelreiter spielen bei ähnlichen Aufzügen des deutschen Volkes sehr häufig eine

Rolle, so insbesondere bei den zu Pfingsten üblichen
Volksfesten, bei welchen freilich wirklich geritten wird;
die Sachsen in Siebenbürgen rüsten zu Neujahr einen
Reiter aus, der ebenfalls auf einem falschen Schimmel
sitzt, auf einem umgekehrten Backtroge nämlich, der auf
vier Füße gestellt und dem ein Pferdekopf vorgebunden
wird. Vor Allem deuten die oben beschriebenen Faschings=
aufzüge auf alte Festlichkeiten, die jedenfalls mit dem
Feste der Wintersonnenwende, mit der Feier des heran=
nahenden Frühlings zusammenhängen. Ist doch Wuotan
oder Odin auch der Frühlingsgott, dem zu Ehren beim
Herannahen der Frühlingstage verschiedene Feste veran=
staltet wurden und erscheinen die Feste der letzten Fa=
schingstage heutzutage auch etwas in der Zeit zurück=
gerückt, so weisen doch die längeren Tage, die wärmere
Luft, das beginnende Schwellen von Knospen an Baum
und Strauch schon auf die nahende bessere Zeit, es
zieht schon wie Frühlingsahnen durch die Lande. An
Wuotan auf seinem Rosse aber erinnern der Gebrauch
des Schimmelreitens und das beim Faschingrennen vor=
kommende Pferd ebenso, wie an dieses Gottes Einkehr
beim Schmiede die Ceremonie des Pferdebeschlagens durch
den Schmied und seine Gehilfen. Auch ist ja Odin der
Erntespender und die Ansicht, daß Derjenige, welcher dem
Rosse beim „Faschingrennen" nichts gibt, im Sommer
vom Hagelschlage heimgesucht wird, deutet wieder auf
diesen obersten Gott des germanischen Alterthums, wie
nicht minder die Sitte des Sammelns von Hafer als
Feldfrucht, die vorzüglich zu Pferdefutter gebraucht wird.
Dazwischen scheinen wieder einzelne Momente auf Perchta

hinzuweisen, die dem Feldbau vorzüglich ihre Aufmerksam=
keit zulenkt.

Es dürfte von Interesse sein, an dieser Stelle
zu erwähnen, daß der Schmied und der Schimmel in
einer Legende vorkommen, welche in Mittelsteiermark
verbreitet ist und zweifellos die angedeuteten vorchristlichen Anschauungen auf das christliche Gebiet übertragen
enthält. Es ist dies die Legende von dem Schmiedpatron
Eligius, welche nach der steirischen Version folgender=
maßen lautet: Als Christus einst über Land ritt, verlor
sein Schimmel ein Hufeisen. Er kam gerade an der
Schmiede des Heiden Eligius vorbei und wollte sein Roß
beschlagen lassen. Der Schmied hatte große Mühe damit
und das Hufeisen wollte nie recht passen, deshalb schickte
sich Christus selbst an das Pferd zu beschlagen. Zu
diesem Behufe schnitt er rasch dem Schimmel den Fuß
ab, befestigte ihn in einem Schraubstocke, nahm das Huf=
eisen und nagelte es gemüthlich darauf. Während er
arbeitete, floß jedoch kein Blut aus der Wunde. Als er
fertig war, setzte er den Pferdefuß an den Stumpf,
segnete ihn und machte das Kreuzzeichen darüber. Das Roß
aber war heil und beschlagen. Staunend sah ihm der
Heide zu, meinte jedoch am Ende, daran sei wenig
Kunst, er selbst könne es ja auch so machen. Kaum war
der Herr fortgeritten als ein Anderer mit einem Pferde
zum Schmiede kam, welches auch zu beschlagen war. Der
Schmied versuchte nun dasselbe zu thun, was er vorhin
gesehen hatte, aber ach, das Roß verblutete beinahe. Da
Christus noch nicht ferne war, rief ihn der Schmied
flehentlich zurück und der Heiland kam auch, heilte das

2*

Roß, verwies dem Schmiede jedoch sein stolzes Gebahren. Eligius aber war bekehrt, verließ das Heidenthum und ward ein eifriger Anhänger des Herrn. Die Schmiede verehren Eligius als ihren Schußpatron.

Das lebendige Treiben, welches im Volke des Alpenlandes die erwähnten Tage hindurch herrscht, findet seinen Abschluß am Faschingdienstag. Im östlichen Alpengebiete Steiermarks ist der Morgengottesdienst an demselben sehr zahlreich besucht, freilich aus dem minder frommen Grunde, weil nach demselben schon Vormittags der Tanz eröffnet wird, welcher bis um Mitternacht währt. Jung und Alt huldigt noch einmal und diesmal vor Einbruch des Abends dem Vergnügen. Naht der Abend, so wird die Scene freilich noch lebendiger; der Bauer führt seine sämmtlichen Hausleute ohne Ausnahme zum Schmaus und Tanze — „er führt," wie das bäuerliche Sprichwort dies ziemlich unzart ausdrückt, „seinen ganzen Mist aus". Den Nachmittag über ist's überall gedrängt voll, Abends begibt sich mancher Ruhigere mit den Seinen schon nach Hause; nicht so die lustigen Burschen und Dirnen, welche den Musikanten bis zum Schlage der Mitternachtsstunde keinen Bogenstrich schenken. Eine Sitte des Tages, die wieder auf alte Beziehungen weist und mitunter sogar am Aschermittwoch üblich ist, kennt das niederösterreichische Gebiet und selbst der darangrenzende Theil des deutschen Territoriums in Ungarn. Ein costumirter Zug bewegt sich nämlich durch das Dorf und in der Mitte desselben steht auf Rädern oder auf einem Wagen eine starke niedrige Stange, an deren oberem Ende ein liegendes Rad derart befestigt ist, daß es auf

der einen Seite den Erdboden streift, beim Weiterziehen
aber um seine Achse gedreht werden kann. Auf diesem
Rade sitzen zwei Bursche einander gegenüber, ein Zahl
anderer zieht die ganze Vorrichtung weiter. Unter großem
Lärm, der auch durch Trommeln auf umgekehrten Holz=
gefäßen sowie durch Zusammenschlagen von Blechdeckeln
hervorgebracht wird, durchzieht dieser seltsame Zug das
Dorf und wird von den Zuschauern nicht selten mit
Wasser begossen. Auch hierin erblicke ich einen Anklang
an den Perchtaglauben; denn die Göttin hielt ja ihren
Umzug auf einem Wagen und häufig wird ein Wies=
baum, also ein Feldgeräth, als Träger des erwähnten
Rades benützt. Perchta, die Spinnerin, aber fordert ja
auch, daß man an diesen letzten Faschingstagen das
Spinnen unterlasse, um sie zu ehren.

So schließt die heitere Zeit für das Landvolk in
unserem Alpengebiete mit einer Reihe von Gebräuchen,
die in so innigem Zusammenhange stehen mit dem
Göttercult und den Uebungen ihrer altdeutschen Vor=
fahren. Oft wird auch der „Sautanz" in diese Tage
verlegt, welche schon Sebastian Frank in seinem Welt=
buche nach fränkischem, damals schon üblichem Volks=
ausdrucke die „unsinnigen Tage" nennt, und dieser Sau=
tanz ist trotz des nicht schön klingenden Namens eine
nicht üble Feier, nämlich ein Fest, das aus Anlaß eines
geschlachteten Schweines vom wohlhabenden Bauer ver=
anstaltet wird und mit allgemeinem Tanze schließt.

Wenn aber der Aschermittwoch erschienen ist, ge=
mahnt das „Begraben des Faschings", welches heute
ebenfalls noch in diesen Gegenden und in vielen Orten

Steiermarks üblich ist, wieder an alte Sitte; eine Puppe
wird umhergetragen, verhöhnt und zerrissen, zuletzt aber
ins Wasser geworfen oder verbrannt. Diejenigen, welche
also den „Fasching begraben", wissen freilich nicht, daß die
Puppe ein Symbol des Winters ist, der vom nahenden
Frühling besiegt wird, und daß schon vor Hunderten
von Jahren ihre Vorfahren diesen Gebrauch als einen
geheiligten übten.

Ein Passionsspiel aus Obersteiermark.

Von Zeit zu Zeit lenkt in bestimmten Perioden
das berühmte Passionsspiel zu Oberammergau die Auf=
merksamkeit der weitesten Kreise auf sich und es liegt
schon eine reiche Literatur vor, welche über diese Dar=
stellungen des Leidens und Sterbens Christi sich gebildet
hat. Die wenigsten dieser Publicationen jedoch — und
es sind recht umfangreiche darunter — gedachten der ver=
schiedenen, an anderen weniger berühmten Orten seit
langer Zeit bestehenden volksthümlichen Darstellungen
dieses Stoffes, die bis heute noch ohne alles Raffinement
in der Inscenirung zur Aufführung gelangen. Und doch
haben sich unter den alten Schauspielen des Volkes, ins=
besondere auf süddeutschem Gebiete, mehrfach solche Pas=
sionsspiele mit ganz eigenthümlichem originalen Gepräge
bis auf diesen Tag erhalten.

Die Nachrichten darüber, wie die deutschen Passions=
spiele aus den geistlichen lateinischen „ludi" entstanden,

wie sie von den geistlichen in die weltlichen Hände über=
gingen und so im Volke selbst weiter fortgebildet wurden,
wie sie schon im vierzehnten und fünfzehnten Jahrhundert
in deutscher Sprache vorkommen, kann man in jeder
Literaturgeschichte nachlesen, nicht aber, wie sich diese
alten Spiele traditionell fortgepflanzt haben, wie sie ins=
besondere in der neueren Zeit, in unserem Jahrhunderte,
noch gepflegt werden, ohne daß sich besondere Einflüsse
auf diese Pflege, wie dies beim Oberammergauer Spiel
der Fall ist, geltend gemacht hätten. Gerade der katholische
Boden der baierischen und österreichischen Alpenländer
war der Ausbildung dieser Gattung geistlicher Spiele
überaus günstig; das Volk hält hier mit bewunderungs=
würdiger Zähigkeit am Althergebrachten fest und hat bei
aller Gläubigkeit und Frömmigkeit sich in Lied und
Spiel einen Humor bewahrt, der vielleicht mitunter
etwas zu derb auftritt, dabei aber charakteristisch das
Volk zeichnet. Es ist bekannt, daß zu Brixlegg im
Innthale Tirols Passions = Aufführungen von Zeit zu
Zeit zur Darstellung gelangen; diese sind die einzigen,
welche etwa einen Vergleich mit den Ammergauer Spielen
aushalten. Die Naivetät des Volkscharakters kann aber
hier nicht zum Durchbruche gelangen. Die Volkspoesie
muß sich auch auf dramatischem Gebiete so gut wie
jede Volkspoesie unbewußt entwickeln, während diese Vor=
stellungen allzusehr berechnet erscheinen, ihr Text ist über=
arbeitet, die derben Züge sind verwischt, auf Pracht
und Glanz der Darstellung wird ebenfalls gesehen, und
so entsteht der bewußt theatralische Charakter, welcher bei
aller ängstlichen Vermeidung von Anachronismen, von

unhiſtoriſchen Vorgängen in dem Gemüth des Beſchauers verſchiedene Eindrücke zurückläßt, nur nicht den, man habe es mit einem volksthümlichen Spiele zu thun. Daß übrigens das Volksſchauſpiel in Tirol vielleicht mehr als irgendwo Wurzel gefaßt und in weit zurückliegenden Jahrhunderten ſeinen Urſprung hat, wird Niemand leugnen, insbeſondere ſeit Adolph Pichler ſeine treffliche Arbeit über „Das Drama des Mittelalters in Tirol" veröffentlicht hat.

Ein anderes Gebiet in den öſterreichiſchen Alpen, wo Paſſionsſpiele aufgeführt werden, und zwar in ganz einfacher Form, aber eben deshalb weniger abweichend von den alten Spielen, die ihnen zu Grunde liegen, bilden Nieder= und Oberöſterreich, Kärnten und Steier= mark. In den genannten Ländern gehören die Dar= ſtellungen des „Leidens Chriſti" ſo gut zu den älteſten Denkmälern der dramatiſchen Volkspoeſie, wie die Weih= nachts= und Dreikönigsſpiele und eine Zahl anderer theils der Heiligen=Legende, theils der Profangeſchichte entnommener Schauſpiele, die vom Landvolke ſelbſt zur Darſtellung gebracht werden. Natürlich haben die Spiele, welche ſich auf die Lebensgeſchichte Chriſti beziehen, das höchſte Alter aufzuweiſen. Den Spielen aller dieſe Gebiete gemein iſt die einfache Form, die wenig prunkvolle Garderobe, der dürftige ſceniſche Apparat, in der Sprache ſelbſtverſtändlich das Hervortreten der Mundart — wenn ſich auch Darſteller von Hauptperſonen bemühen, möglichſt hochdeutſch zu ſprechen — und der überaus grelle Rea= lismus in Wort und Handlung. Von den Paſſions= ſpielen gilt dies letztere insbeſondere; die Roheit der

jüdischen, richtiger römischen Kriegsknechte ist mit den
derbsten Farben gezeichnet, selbst die Charaktere der
Apostel sind, um den Gegensatz zu der edlen Gestalt
Christi augenfällig zu machen, oft recht menschlich fehler=
haft dargestellt. Petrus kommt dabei schlecht weg, Judas
Ischariot ist immer eine förmliche Caricatur und keines
dieser Schaustücke entbehrt einer großen Anzahl von
Teufeln, welche häufig als Personificationen von Lastern
auftreten. Beim Spiele selbst sind keine besonderen
scenischen Vorrichtungen bemerkbar; ein schwarzer Vogel,
den der Darsteller des Judas unter dem Rocke ver=
borgen hat, fliegt, da sich der Verräther erhenkt, dessen
schwarze Seele vorstellend, davon, und die brennend
rothe Perrücke darf dabei natürlich auch nicht fehlen.
Das ganze Theater mahnt beinahe an die Einfachheit
der Bühne zu Hans Sachs' Zeiten. Bemerkenswerth
ist auch die Theilnahme des bäuerlichen Publikums an
der Handlung, die sich in der Begleitung des Zuges,
wenn Christus das Kreuz trägt, im Mitsingen frommer
Lieder u. dgl. äußert. Man ersieht daraus auch, daß
die Darstellenden sogar die Bühne verlassen und außer=
halb derselben weiter fortspielen, und daß die Aufführung
auch bei Tage stattfindet.

Solche Passionsspiele wurden noch vor wenigen
Jahren zu Guttaring auf dem Krappfelde, sowie im
Lieserthale in Kärnten, auch in einigen anderen Thälern
Oberkärntens abgehalten. Nizi's Monatschrift (in Klagen=
furt) hat eine sehr lebendige Schilderung des „Leiden=
Christi=Spieles" zu Guttaring veröffentlicht, das einen
Sonntag hindurch dauerte und eine große Menge Volkes

zusammenführte; es wird darin geschildert, wie warmen
Antheil die Zuschauer an dem Tode des Herrn nahmen,
wie die Neugierde, welche sie hiehergeführt, in religiöse
Rührung umschlägt und sich theatralische Darstellung
und Aeußerungen der Andacht des zuschauenden Volkes
zuletzt vermengen, ohne daß irgend Jemand daran Anstoß
nimmt. Dasselbe gilt von dem Lieserthaler Spiele, über
welches Weinhold in Göbeke's „Deutscher Wochenschrift"
leider nur allzu dürftig berichtet; es zerfällt in 30 Auf=
tritte und hat 56 Personen. Die einzelnen humoristisch=
naiven Züge, welche auch hier überall hervortreten,
suchen insbesondere Judas, die jüdischen Knechte und
Theilnehmer des hohen Rathes 2c. in verschiedenen Be=
ziehungen lächerlich hervortreten zu lassen. Wie alle diese
Spiele sind auch die Kärntner in Reimen abgefaßt, die
freilich oft genug verstümmelt, kaum auf eine Spur des
einstigen echten Reimes hinweisen. Ueberhaupt herrscht in
dieser Beziehung eine große Ungleichheit und Unordnung
in allen Texten; Prosastellen sind dazwischen eingeschoben
und oft reimt ein hochdeutsches Wort auf ein solches in
der Mundart. Kein Zweifel, daß zu dem ältesten Texte,
der Jahrhunderte weit zurückreicht, neuere Vermehrungen
und „Verbesserungen" gekommen sind.

Die Darsteller recrutiren sich bei diesen Spielen
immer aus den Bauern der Gemeinde selbst, wo das
Spiel üblich ist, und bleiben oft viele Jahre lang die=
selben. Während die übrigen Bauern = Komödien mit=
unter sogar von wandernden Bauern = Theatergruppen
dargestellt werden, ist dies beim Passionsspiel sehr selten
der Fall.

Aehnlich geht es in Steiermark her, das soviele Eigenthümlichkeiten mit dem Kärntner Lande und Volke in Sprache und Sitte gemein hat. In einzelnen Gegenden der Mark wurden Passionsspiele vor wenigen Jahren noch aufgeführt, so im Mürzthale bei Krieglach, dem Geburtsorte P. K. Rosegger's, in Neuberg, im Ennsthale und — wie Verfasser dieser Zeilen nunmehr an der Hand des ihm vorliegenden Textes nachweisen kann — in mehreren Gemeinden des Paltenthales. Die Bevölkerung in letzterem weist eine für das Land besondere Eigenthümlichkeit auf; sie besteht nämlich überwiegend aus Protestanten, welche sich mit einer Zahl von Gemeinden des Gebietes zwischen den Seckauer Alpen und den Rottenmanner Tauern noch erhalten haben, gleichsam protestantische Inseln mitten im streng katholischen Lande.

Auch bei dem hier üblichen Spiele hat man sich die Bühne offen und leicht zugänglich, die zahlreichen Zuschauer fast ausschließlich der bäuerlichen Bevölkerung angehörig zu denken. Wie in Kärnten greifen sie an passender Stelle gewissermaßen in die Handlung ein, zur Kreuzigung, welche in der Nähe der Bühne stattfindet, schließen sie sich ebenfalls dem Zuge an u. dgl. Der Text dieses Passionsspieles gehört verschiedenen Zeiten, ja vielleicht verschiedenen Jahrhunderten an; einzelne Stellen gemahnen an die kräftigen, trefflichen Holzschnitte eines Albrecht Dürer, Jost Amman, Tobias Stimmer oder Hanns Schäuffelein, wenn es gestattet ist, ein Werk der Poesie mit einem solchen der bildenden Kunst zu vergleichen; sie enthalten derbe, bezeichnende Züge, sind von correcter Linienführung und erinnern

an die besten Stellen in Volksschauspielen des Mittel=
alters. Daneben macht sich auch prosaische Rede breit,
welche an der biblischen Ueberlieferung festhält. Hier und
da sind Züge aus der Legende verwendet. Das Spiel
ist beinahe durchgehends in Reimen abgefaßt, zumeist in
jambischen Knittelversen, mit vier Hebungen, die Reime
zeigen sich vielfach unrein, oft reimen einzelne Zeilen
gar nicht. Von besonderer Schönheit und auch von cor=
recter Durchführung in Vers und Reim erscheinen ein=
zelne Partien, welche alten Volksliedern entstammen und
wohl aus solchen dem Spiele schon vor langer Zeit
eingefügt wurden, so die allgemeinen Strophen nach dem
Prolog, der Abschied Jesu von Maria, die Scene zwi=
schen Judas, dem Teufel und dem Tod, und die Rede
des letzteren. — Die Aufführung der „Passion“ wurde
gewöhnlich durch ein in Steiermark weitverbreitetes,
kurzes und mit der „Passion“ nicht zusammenhängendes
Präludium vom guten Hirten eröffnet, dann erst erfolgte
der „Prologus“, der von einem phantastisch aufgeputzten
Darsteller gesprochen wird; nach diesem erscheint ein
Lied verzeichnet, das im Allgemeinen die Leiden Christi
der Reihe nach schildert und jedenfalls ein echtes, altes
Volkslied ist, es dürfte wohl auch gesungen worden sein.

Die eigentliche Handlung beginnt mit der Ver=
sammlung des höllischen Rathes, und Lucifer fordert
die Teufel auf:

> „Auf, auf, Ihr höllischen Geister all',
> Versammelt Euch auf dem höllischen Saal,
> Ich muß Euch eine Gewalt ertheilen,
> Wir müssen einer Seel' nacheilen.

Judas Iscarioth ist's, der saub're Mann,
Der uns viel Glück und Heil wird stellen an,
Dieser muß uns seinen Herrn verrathen,
Ach, er wär' für uns ein guter Braten."

Auf die Vorschläge der verschiedenen Teufel, von welchen einer sogar neben Judas den wankelmüthigen Petrus im Auge hat:

„Es war noch ein Jünger daneben,
Den wir gar leicht obsiegen könnten,
Wenn wir all' unsere Macht anwenden
Petrus mein' ich, so ist sein Nam,
Dem Nazarener ein vertrauter Mann,"

geht Lucifer nicht weiter ein, vielmehr erklärt er:

„Nicht also, Ihr Versammelten mein,
Die Sach' ist groß, muß behutsam sein,
Gebt Acht, daß Ihr den Judas nehmt ein,
Durch den Geiz müßt ihr Ihn ganz verblenden,
Daß er sein Herz zum Geld mag wenden —
Laufet zu unterst in die Höllen,
Laßt Euch den Geizteufel zugesellen."

Der Geizteufel wird nun geholt und mit seiner Hilfe der Plan, den Judas zu verführen, entworfen, er erklärt:

„Will fahren mit aller Gewalt in ihn,
Will ihn auch durch das verblenden,
Daß er sein Herz bald zu uns soll wenden,
Ich will ihn auch in allen Dingen
Sogar in die Verzweiflung bringen."

Nachdem der Geizteufel diese Erklärung abgegeben, moralisirt Lucifer am Schlusse der Scene nicht übel, aber freilich sehr „unteufelmäßig":

„Der Menschen Sinn ist so vermessen,
Daß sie gar oft auf die höllische Pein vergessen,
Doch wenn sie kommen in das Todtenbett,
Fangt ihnen der Gewissenswurm zu nagen an recht,
Da wollen sie die Buße erst greifen an,
Aber dorten ist es schon viel zu spät gethan."

Eine schöne Scene folgt zwischen dem bekannten
Schwesterpaar Martha und Magdalena; Letzterer, die
sich auf ihre Schönheit viel einbildet:

„Ich bin schön, jung, stark und reich,
Meiner Schönheit ist Keine gleich!
Ihr seht wie die Kleider mir schön anstehen,
Trutz einer, die neben mir thät gehen!"

naht der Hoffartsteufel mit dem Spiegel, um sie weiter
zu verlocken, der warnende Engel aber steht daneben,
mit ihm die Schwester, die Beide Magdalenen vom
hoffärtigen Leben abrathen. Das gute Princip siegt hier,
die Teufel ziehen sich ärgerlich zurück, da Magdalena
zuletzt erklärt:

„Zieh' hin, o Welt, du hast dein' Lohn,
Jesus ist mein Bräutigam!"

Die schöne „Beurlaubungs=Scene" zwischen Jesus
und Maria schließt sich dem an. In 21 wohlgefügten,
reinen Strophen sprechen Jesus und Maria abwechselnd,
der Ton des alten Volksliedes ist genau eingehalten, die
Strophen sind achtzeilig, die Sprache kräftig und wir=
kungsvoll. Zur Probe folgen die ersten zwei und die
letzten Strophen:

Jesus:

Ach, allerliebste Mutter mein,
Lieb' über alles Lieben,
Wie kann es doch nur möglich sein,
Daß ich Dich soll betrüben?
Jedoch, weil Du mein' Mutter bist,
So will es sich gebühren,
Daß ich bei Dir zuvorderist
Solle valediciren.

Maria:

Was meinst, mein allerliebstes Kind,
Wie soll ich dies verstehen?
Sag' mir, wo willst doch aus so g'schwind,
Bitt', laß' mich mit Dir gehen,
Ohn' Dich zu leben, ist mein Tod,
Kein' Ort weiß nicht zu finden,
Da ich ein' Trost in meiner Noth
Kunnt' haben und empfinden.*)

Die letzten Strophen lauten:

Maria:

Ach weh, nun muß ich schon zurück,
Ich kann nichts mehr erwerben,
Mein Herz bricht mir zu tausend Stück,
Für Leiden muß ich sterben,
Nun küß ich Dich zum letztenmal,
Bring Dich nicht mehr zuwegen,
So bitt' ich Dich zu tausendmal
Um Deinem heil'gen Segen.

*) Die Strophenform und die Worte „zuvorderist, valediciren" deuten darauf, daß dieser Theil des Spieles zu Ende des siebzehnten oder Anfangs des achtzehnten Jahrhunderts entstanden ist.

Jesus:

Gesegne Dich Gott, o Mutter mein,
Sammt allen Deinen Freunden,
Nun will ich mich, es muß doch sein,
Ergeben meinen Feinden,
Alles was worden prophezeit,
Muß heut' also geschehen,
In Kürz' werd' Ihr mit größter Freund'
Mich alle wieder sehen!

Es folgt das Abendmahl, wobei Judas, zum erstenmale auftretend, seinen Charakter schon in den hämischen Bemerkungen über Jesus zeigt, welcher das Abendmahl im Hause des Nicodemus bestellt hat. Der bezügliche Monolog ist im burlesken Tone gehalten und soll doch auch wieder die verwerfliche Denkart des Judas zeigen, da er nicht ohne Originalität abgefaßt erscheint, möge er hier seinen Platz finden:

Judas Iscarioth (allein):

Das ist einmal ein gescheidter Gedanken, daß mein Meister uns eine Mahlzeit thut geben, sonst müssen wir gemeiniglich mit der kalten Kuchel vorlieb nehmen. Allein er geht halt grad hin, wo er nichts zahlen darf, das ist eine gute Wirthschaft, da ist es am billigsten und läßt ihm's noch viel besser schmecken als wenn er zahlen müßt'. Da mitunter ist er in das Haus Lazari, der eben sein guter Freund war, eingeladen worden. Da hat sich die Maria verliebt, die ist g'sprungen, die ist g'loffen, die hat sich bemüht, damit sie nur dem Meister eine gute Suppe hat machen können. Die Lenerl aber, die mit derselben Alabasterbüchsen, die hat sich stets bei des Meisters Füßen aufg'halten und hat der Maridl gleichwohl allein lassen die Knödl einschlagen, die mein Meister ohne Zweifel wohl werden geschmeckt haben. Aber ich armer

Teufel hab' nichts kriegt und von dem Beutel zehren müſſen,
allwo ohnedem nicht viel drin iſt. Aber wart nur, mein
Beutel, Du wirſt bald voll werden. Was gilt's, mein Meiſter
wird die Salben zahlen müſſen, die ihm die Lenerl über
den Kopf hat abgoſſen. Jeßund muß man vor lauter Tück
und Falſchheit umgeben ſein, ſonſt g'winnt man nichts.
Ich muß wohl gehen meinen Meiſter ſuchen, damit ich zu
der Mahlzeit komm, ſonſt möcht ich gar zu ſpät kommen.

Die ganze Rede erinnert, wie man ſieht, an die
humoriſtiſchen Predigten Abraham a Sancta Clara's,
Anton Bucher's und ähnlicher derber Kanzelredner, die
in ſo heiterer Weiſe die kräftigſten Wahrheiten ihrem
Publikum vorzubringen wußten. Das Abendmahl und
die darauf folgende Fußwaſchung ſind ſehr lebendige
Scenen, da ſämmtliche Jünger daran theilnehmen.
An den Darſtellungsort in Steiermark erinnert
die Frage des Dieners:

> „Was ſoll ich denn bringen für einen Wein,
> Ein wälliſchen oder ein' Steirer,
> Der Tiroler wird zwar beſſer ſein,
> Doch iſt er etwas theurer,"

und die Antwort des Hausvaters:

> „Bringt nur her ein' Steirerwein,
> Er wird zum Speiſen der beſte ſein."

Judas tritt nun in den Vordergrund der Hand=
lung, er entſchließt ſich zum Verrathe:

> „Kein Geld iſt in mein' Beutel,
> Auf daß ich heut' im Wirthshaus g'wiß
> Kunnt' trinken noch ein Seitel,

Wann sonst nichts hilft, so muß ich halt
Den Meister mein verkaufen,
Alsdann ich in dem Wirthshaus bald
Zur G'nüg' werd' können saufen,"

und motivirt hiemit seinen bösen Handel. Er tritt vor
Kaiphas, der ihm die dreißig Silberlinge aufzählt. Die
Rede desselben beim Zählen hat viel Aehnlichkeit mit
der von Weinhold aus dem Kärtner Spiele mitgetheilten.
Der Geizteufel flüstert ihm ins Ohr:

"Hör', Judas, mein guter Freund,
Die Sache wird Dir gelingen heunt,
Folge nur fleißig meinem Rath,
Der Handel wird Dir gehen von statt,
Bei allen Juden so große Gnad'
Erlangest Du durch diese That,
Auch solche dreißig Silberling,
Die Münze ist gut, hör', wie es klingt,
Sei nur beherzt, fürcht' Dich nicht hier,
Einen treuen Gehilfen hast Du an mir!"

Es folgt nun das Gebet auf dem Oelberge, das
auch in poetischer Beziehung werthvoll ist und aus dem
die Schlußverse hier angeführt seien:

"Zu hart mir fällt die Bürde all',
Die Kräfte mich verlassen,
Der Sünden Wust und Bosheit Qual
Thut mich zuviel erfassen;
Dies länger nicht ausstehen kann,
Ich muß zu Boden sinken,
In Todesangst, in Todesschweiß
Werd' müssen bald ertrinken! —"

daran schließt sich die Gefangennahme, während welcher den
verschiedenen dabei betheiligten "Juden" die derbsten Reden,

insbesondere recht saftige Schmähworte in den Mund
gelegt sind. Dabei finden sich sehr sonderbare; da meint
Einer zu Jesus:

> „Du sagst, Du bist Gottes Sohn,
> Ei, Du alter Ziehbrunn';
> Du sagest, Gott sei Dein Vater,
> Ei, Du alter Kästenbrater!" *)

Bald darauf ergreift die Reue den Judas, er stellt
das Geld zurück; wie immer, ist ihm auch hier ein
Teufel zur Seite, der den Verräther in seinem Vor=
nehmen:

> „Das Ding thut mich gar so sehr kränken —
> Ich will gehen und mich selbst erhenken,"

bestärkt. Die Verleugnung Christi durch Petrus, die
Scenen vor Pilatus und vor Herodes, die Freigabe des
Barrabas an Christi Stelle, die Geißelung durch die
rohen Knechte reihen sich nun im Sinne der biblischen
Erzählung an; die Geißelung gibt dem unbekannten
Verfasser wieder Gelegenheit, die Rohheit der Kriegsknechte
mit den grellsten Farben zu zeichnen, ebenso die Krönung
mit den Dornen; Pilatus entschließt sich endlich zum
Urtheil, nachdem er viele Zweifel unterdrückt und es
halb widerwillig abgefaßt. Die letzte Scene, in der
Judas auftritt, ist von tragikomischer Wirkung, verzwei=
felnd verflucht er sich und den Tag, da er geboren; er
geht hin, sich zu erhenken und der Teufel, ihm wieder
nahe, beut rasch den Strick dar mit den Worten:

---

*) Kastanienbrater.

„Judas, willst Du Dich henken?
Den Strick will ich Dir schenken,
Ich hab' an zwei oder drei,
Judas, schau, welcher der stärkere sei;
Ein' hab' ich, gar ein' schön' neuen,
Judas, lass' Dir das Henken nicht gereuen,
Du bist noch gar ein junger Mann,
Das Henken stehet Dir gar gut an."

Etwas unmotivirt, aber mit einer kräftigen Rede,
die sich in schönen, alten Strophen bewegt, schließt das
Auftreten des Todes die Scene. Sein Monolog gehört
zu den besten Stellen des Spieles; er ist sehr lang und
in vierzeiligen jambischen Strophen abgefaßt. Derselbe
beginnt:

„Erkennt ihr mich, wer ich hier sei?
Ich will mich gleich ankünden
Und ohne Furcht bekennen frei,
Nichts kann mich überwinden.
Für's höchste Haupt der ganzen Welt
Will ich gehalten werden,
Denn Alles, was nur ist beseelt,
Mach' ich zu Staub und Erden!

Kein Geld, noch Gut, noch Reichthum, Schatz,
Kein Goldstück ich nicht achte,
Lass' allen Feinden keinen Platz,
Was lebt, dem ich nachtrachte;
Es gibt keine Intercession,
Es findet kein Platz das Heucheln,
Es hat auch Keiner ein Pardon
Zu hoffen mit dem Schmeicheln.

So lange auch nur Einer lebt,
Muß mir den Platz doch räumen,
Was allda kriecht, schwimmt oder schwebt,
Verschwindet gleich den Träumen.
Einhundertfünfundsiebzig Jahr'
Hat Jakob hier gelebet,
Isaak um zehne älter war,
Wo sie jetzt sein, erwäget."

Auch dieses echte alte Volkslied ist offenbar eingeschoben, sein würdiger, ernster Ton soll den Hörer ernst
stimmen und auf die folgenden Scenen vorbereiten.

Der Kreuzgang und die Kreuzigung reihen sich als
solche zum Schlusse an. Besonders tritt hier unter den
Nebenfiguren diejenige des Soldaten Longinus hervor, der
einer der Heftigsten im Verhöhnen und Verspotten des
verurtheilten Christus ist. Auch die Kleidertheilung bietet
wieder Anlaß, die Habsucht der Soldaten und ihre rohe
Gesinnung zu zeigen. Während Christus am Kreuze stirbt,
wird Longinus durch ein Tröpflein des Blutes auf seinem
früher blinden Auge sehend und gläubig.

Mit dieser Handlung schließt das ganze Spiel, dessen
leichte Umrisse nach der vorgelegten handschriftlichen
Aufzeichnung hier geboten wurden und das als ein Denk-
mal dramatischer Volkspoesie unserer Steiermark für die
Geschichte der Entwicklung dieser Dichtungsgattung jedenfalls einen sehr beachtenswerthen Beitrag liefert.

Steirischer Volksbrauch in der Charwoche und zur Osterzeit.

In die Zeit, da der Frühling mit zartem Finger leise an die Erde pocht, um sie vom langen Winter= schlafe zu wecken, und da die ersten Grashalme dem immer wärmeren Scheine der Sonne nicht mehr wider= stehen können und fast noch durch die letzten Reste des schwindenden Schnee's ihre Blüten emporstrecken, während auf dem Baume die Knospen zum Aufspringen geschwellt sind, an manchem Strauche aber schon die Blütenkätzchen prangen, in diese Zeit hat die christliche Kirche ihr schönstes Fest verlegt, das Fest der Auferstehung, das Osterfest. Wie dies bei allen Kirchenfesten der Fall ist, so hat auch die geräuschvolle Osterfeier in Brauch und Sitte des Volkes hierlands wie anderwärts Momente aufzuweisen, welche auf die vorchristliche Zeit und deren Uebungen hinweisen. Freilich, diese Momente stellen sich nur dem besonders aufmerksamen Beobachter dar, sie sind auch nicht in den Auferstehungsfestlichkeiten, in den liturgi= schen Gebräuchen zu suchen und schon gar nicht im Lärmen und Treiben der Stadt. Aber auf dem Lande und in den versteckten Gebirgwinkeln hat sich so mancher Brauch erhalten, der seinen alten mystischen Zug verräth und auf die alte germanische oder slavische Vergangenheit — wenn wir speciell Steiermark ins Auge fassen — deutet.

Dem Osterfeste vorher geht die Charwoche, die
stille Woche, die Leidenswoche Christi; wenige Spuren
sind nachzuweisen, welche mit Bezug auf diese Woche
nicht den eminent christlichen Charakter in der Sitte des
Volkes zeigen, aber trotzdem sehen wir unter dem Ein=
flusse des Klimas, der Denkart des Volkes und der
Verhältnisse im Lande bei der Bevölkerung desselben
allerlei Eigenthümlichkeiten in der „Feier" der Char=
woche — denn dieselbe zeigt doch überall den Charakter
eines weihevollen Erinnerungsfestes — und einige der
selben, soweit sie heimatlichen Boden betreffen, anzu=
deuten, sei der Zweck der nachfolgenden Zeilen. Die
Charwoche beginnt mit dem Palmsonntage und schließt
mit dem Samstage vor Ostern. Diese Woche heißt in
vielen Theilen der Steiermark auch die „Antlaßwoche",
d. h. Ablaßwoche, weil die in derselben abgelegte Beichte
nach dem Volksglauben besonders großen Sündenablaß
bewirkt.

Jedermann im katholischen Lande kennt den
Ursprung des Namens Palmsonntag. Er erinnert an
den festlichen Einzug Christi in Jerusalem und an den
Jubel des Volkes in der Stadt, welches dem hehren
Begründer des Christenthumes Palmzweige streute und
entgegentrug. Weil aber unsere kälteren nördlichen Ge=
genden keine Palmzweige hervorbringen, so werden die
Weidenkätzchen oder Zweige, auch wohl Buchsbaumästchen
oder solche vom Haselnußstrauche zur Erinnerung an jene
Begebenheit in der Kirche geweiht, wohin dieselben von
der Bevölkerung, und zwar im Norden wie im Süden
von Steiermark, auf dem Lande in ungeheurer Menge

schon vorher gebracht worden sind. Uebereifrige Mytho=
logen wollen den Gebrauch der Palmzweige von einer
altindischen Procession zur Feier des Frühlings und des
besiegten Winters herleiten, gehen aber dabei wohl etwas
zu weit. Es soll hier weder auf die solcher Ansicht ent=
gegenstehenden, übrigens naheliegenden Gründe, noch auf
die genauere Schilderung aller möglichen Arten der
Palmweihe eingegangen werden. Selbst in den Städten
ist bekannt, daß die Palmzweige, welche in Steiermark
zur Weihe gelangen, zumeist Palmsträuße von gewaltigem
Umfange sind, ja in Obersteiermark werden sie mit Recht
geradezu „Palmbäume" und „Palmschüppel" genannt
und machen diesem Namen alle Ehre. Im Gebiete des
Wechsels an der österreichischen Grenze werden die
Zweige in dicke Bündel zusammengebunden, auch wohl
mit einigen „Segelbaum"= oder Fichtenästen umgeben
und zumeist mit farbigen Bändern geziert. Man nennt
dort einen solchen Strauß „Palmbuschen", auch weniger
poetisch „Palmbesen".

In anderen obersteirischen, sowie in untersteirischen
(auch slavischen) Gebieten wird besonders auf die Länge
des „Palmbaumes" gesehen, der Zierrath an Nadelholz=
zweigen, Buchsbaum, bunten Bändern, ja selbst Blumen
fehlt auch hier nicht. Die schönste und längste Palme in
die Kirche gebracht zu haben, ist eine große Ehre. Dabei
bietet sich aber leider auch Gelegenheit zum Schabernack,
wie die Erzählung eines genauen Kenners des Landes
nachweist, welcher in einer Dorfkirche des oberen Mur-
thales einen Palmträger sah, dessen schön geschmückter
„Baum" mehrere Klafter hoch war, so daß er in dem

bescheidenen Kirchlein durch die Deckenöffnung weit heraus=
ragte. Aber dem stolzen Palmenträger wurde großes Leid
zugefügt, denn ein oben versteckter Bursche schnitt dem
allgemein beneideten die ganze geschmückte Palmspitze ab,
und daß der Gekränkte neben dem Schaden für den
Spott nicht zu sorgen hatte, wird man leicht begreifen.
Nicht selten kommt es vor, daß die halbwüchsige Jugend
— diese vor Allem verfertigt solche Palmbäume oder
Buschen — heimlich einen Stock mit sich trägt, um den
unberufenen Zerzauser des Buschens abzuwehren, ja daß
es sogar bei der Kirche mitunter deshalb zu Raufereien
kommt.

Der Glaube, daß die geweihten Zweige und
Palmkätzchen gegen alle möglichen Gefahren des Hauses
und des Leibes gute Dienste leisten, ist selbst dem
Städter bekannt, die Meinung, daß dieselben gegen
bösen Zauber, Verhexung u. dgl. mit Erfolg angewendet
werden, läßt wieder ein Stückchen heidnischen Glaubens
durchblicken. Werden doch in einigen Gegenden Mittel=
steiermarks solche Palmkätzchen, in Stücke Brot gedrückt,
den Nutzthieren des Hofes zum Verzehren gegeben. Auch
das Sprichwort „aufgeputzt wie ein Palmesel" erinnert
an einen allerdings nicht mehr gepflegten Volksgebrauch,
nach welchem der Einzug Christi ehedem nachgeahmt
worden sein soll und ein Priester auf einem mit Bän=
dern und Maschen reich verzierten Esel einherritt. In
dem slavischen Theile der Untersteiermark herrschte nach
M. G. Puff's Bericht (insbesondere im Schallthale) der
Glaube, daß ein am Palmsonntag mit dem Palmbuschen
in die Kirche gebrachter Salamander, nach der Weihe in

ein Milchgefäß gegeben, die Milch früher gerinnen mache und reichlichen Käseertrag veranlasse. Ebendaselbst pflegt man auch die Ruthe, das Zeichen der väterlichen Züchtigung, den Palmen einzufügen und mitweihen zu lassen.

Die unmittelbar nächsten Tage der Charwoche weisen im Volksgebrauche unseres Alpenlandes keine besonderen Eigenthümlichkeiten auf, im südsteirischen Gebiete allenfalls bietet der schon den alten Slaven heilige Montag Gelegenheit, aller Art Zauberkünste und dergleichen auszuüben. Am Allgemeinen aber bereitet sich der Landbewohner an den Tagen nach dem Palmsonntag auf die weihevollen letzten Tage der Woche vor, Kirchenbesuch, Gebet und stille Arbeit, insbesondere Säuberung des Hauses und Hofes charakterisiren das ländliche Leben in dieser Zeit. Besondere Namen dieser Tage, wie in nördlicheren Gegenden der „gelbe Dienstag" und der „krumme Mittwoch" (so genannt, weil die Richter an diesem Tage Christus zum Tode verurtheilten, das Recht krumm bogen) dem Gründonnerstag vorhergehen, kommen nicht vor.

Erst am Gründonnerstage selbst äußern sich wieder besondere Uebungen und Meinungen des Volkes. Eier, die an diesem Tage gelegt werden, läßt man zu Ostern mit den anderen weihen und gräbt sie auf den Feldern ein als Mittel gegen Hagel und Ungeziefer. In den meisten Gegenden Deutschlands pflegt man an diesem Tage grüne Speisen: Kräuter, Salat u. dgl. zu essen, auch in einigen Theilen Steiermarks, insbesondere in der Umgebung von Graz herrscht hier und da dieser Gebrauch, welcher mit dem Namen des Gründonnerstags

in Verbindung steht. Die sogenannte Fußwaschung ist
allerdings, außer in Klöstern und geistlichen Anstalten
beinahe gar nicht mehr üblich.

Ein besonders heilig gehaltener Tag ist der Char=
freitag, der Todestag Christi. Alle Arbeit ruht an dem=
selben, er ist nur der frommen Betrachtung geweiht,
strengstes Fasten ist vorgeschrieben, von dem selbst die
kleinen Kinder nicht befreit sind, kein Glockenklang ertönt,
denn schon am Gründonnerstag wurden die Glocken
„gebunden“ und „sind nach Rom gezogen“. An Stelle
der Glocken aber treten die „Ratschen“, hölzerne Lärm=
Instrumente, welche insbesondere von der Jugend systema=
tisch gehandhabt werden. Im oberen Murthale bei
Murau ziehen sechs Knaben mit „Ratschen“ in den Händen
durch das Dorf und künden damit den Gottesdienst und
die Gebetzeiten an. Sie sagen dabei im singenden
Tone etwa das Sprüchlein her:

„Wir ratschen, wir ratschen den englischen Gruß,
Daß Jeder Christ weiß, daß er beten muß.
Fallt's nieder, fallt's nieder auf Euere Knie
Und bet's ein Vaterunser, drei Ave Marie!“

Im Gebiete der Fischbacher Alpen und des Wechsels ist
das Ziehen der Ratschenbuben durch das Dorf ebenfalls
in Uebung. Ein Anführer leitet die Schaar und jedes=
mal hat ein Anderer auszurufen, wobei darauf Rücksicht
genommen wird, daß jeder Bursche gerade vor seinem
Vaterhause zum Ausrufen gelangt. Am Charsamstag
gehen überall diese Ratschenbuben „einsammeln“ und
erhalten dann in jedem besseren Hause Obst, Weißbrot,
rothe Eier, auch wohl Geld, Alles, was gesammelt ist,

wird zum Schluße getheilt. Der Charfreitag gilt übrigens als ein böſer „Loſtag“, es heißt, „wenn es am Char=freitag regnet, ſo folgt ein dürres Jahr“. In der Ge=gend um St. Georgen herrſcht der Glaube, „wenn am Charfreitag ein Leichenbegängniß iſt, ſo ſterben im ſelben Jahre entweder der Pfarrer oder der Schulmeiſter“.

Noch vor einer Reihe von Jahren war es in manchen verſchiedenen Gegenden Steiermarks Sitte, an den letzten Tagen der Charwoche ein umfangreicheres Volksſchauſpiel: „Das Leiden Chriſti“ zur Darſtellung zu bringen.*)

Mit dem Charſamstag ſchließt die Leidenswoche. Man nennt ihn im Mittellande auch den „Tauffamstag“, weil an dieſem Tage das Taufwaſſer in der Kirche ge=weiht wird. Auch das „Weihfeuer“ wird an demſelben Tage mittels glimmender Schwämme oder Späne von den Knaben aus der Kirche nach Hauſe gebracht und damit das Herdfeuer entzündet. Dieſe Gebräuche deuten ſchon das eigentliche Oſterfeſt an, und ſchon in der Nacht des Charſamstags flammen auf den Höhen der Berge und auf den Wieſen die großen Oſterfeuer, welche mit ihren Flammenſäulen weithin ins Land hinein der Freude des Volkes über die Auferſtehung des Herrn Ausdruck geben.

Die Oſterfeuer eröffnen gewiſſermaßen die Freuden=feſtlichkeiten, welche zu Ehren der hohen nun folgenden Feſtzeit ſtattfinden. Sie ſind es, welche ſich zweifellos noch aus jener Zeit erhalten haben, da einer uralten Göttin Oſtara Opferflammen brannten, jener Göttin,

*) Worüber der vorhergehende Aufſatz ausführlicher handelt.

die ihren Namen dem im Osten aufgehenden Lichte ent=
nimmt und die daher für die zur Zeit der Ostern auf=
keimende Natur von so großer Bedeutung ist, von
welcher daher auch wahrscheinlich im Hochdeutschen der
Name Ostern hergeleitet wird. Die Osterfeuer werden
zumeist im Oberlande auf einem Berggipfel, auf einer
Halde des Berges oder an einem sonst weithin sichtbaren
Punkte angezündet, sie sind oft nicht brennende Holz=
stöße allein, sondern bilden wohl auch Namenszüge Jesu
oder Mariä oder Kreuze u. dgl., welche in riesigen
Dimensionen aus einem Brettergerüste aufgerichtet werden,
das sodann mit Harz und Pech getränkt und ange=
zündet die gebildete Figur in Flammen erstrahlen läßt.
Im weniger gebirgigen Theile des Landes, z. B. in den
an Ungarn und Niederösterreich grenzenden Gebieten,
sowie auch darüber hinaus werden die „Osterfeuer"
häufig am Rande eines Feldes, an möglichst hoher
Stelle desselben abgebrannt. Dieses Feuer soll von dem
geweihten Feuer, dessen oben Erwähnung geschah, ent=
zündet werden, ist dies der Fall, so hat es aber auch
die Kraft, von den Feldfrüchten Hagelschlag abzuwenden.
Wir werden durch diese Volksmeinung neuerlich an die
Göttin des germanischen Alterthums erinnert, welcher zu
Ehren Feueropfer dargebracht wurden, von denen man
glaubte, daß sie besonders der Göttin wohlgefällig seien
und diese bestimmen würden, alles drohende Unheil von
der Feldfrucht abzuwenden.

    In mehreren Gegenden Steiermarks herrscht noch
der Gebrauch, in der Osternacht ins Freie zu gehen und
daselbst unter Gebet den Morgen abzuwarten. Auch diese

Uebung findet sich in den angrenzenden Gebieten Ungarns und Niederösterreichs.

Der Morgen des Ostersonntags, an dem die Sonne, nach der Anschauung des Volkes beim Aufgehen drei Freudensprünge macht, wird vor Allem durch heftiges Schießen mit Pistolen, Gewehren oder sogar mit Böllern, das schon in der Nacht vereinzelt hörbar geworden, eröffnet. Das Osterschießen hat sich im ganzen Lande, und zwar im nördlichen und südlichen Theile desselben erhalten und unterbleibt nie, trotz der alljährlich dagegen erlassenen Polizeiverordnungen, da es verschiedene Unfälle in Gefolge hat. Der Gottesdienst, mit dem der Oster=sonntag in der Kirche eröffnet wird, ist in der Früh kurz. Früher war, insbesondere im Mittellande, noch die Pre=digt üblich, welcher das sogenannte „Ostermährl", ein Geschichtchen mit frommer Nutzanwendung eingeflochten wurde, wodurch die ganze Predigt einen mehr heiteren Anstrich gewann. Dieses „Ostermährl" erschien bald der Geschichte, bald der Fabel entnommen und bot auch wohl eine derbe Erzählung aus dem Volksleben. Als Probe und zur Erheiterung des Lesers möge ein solches „Oster=mährl" nach einer sehr alten Aufzeichnung hier Platz finden, und zwar genau in dem volksthümlichen Tone, in welchem es abgefaßt ist:

„Ein gewisser Müller hatte einen feinen und starken Esel über den Winter eingestellt, demselben aber gar schlechtes Futter gegeben, welches den Esel nicht wenig verdroß. Ich bin ja, denkt er sich, ein so wackeres Thier, trotz einem neapolitanischen Pferd, schade, daß man mich nicht zum König über andere Thiere stellt.

Und dennoch muß ich in diesem schlechten Stalle bleiben, hab' nichts zu fressen als Stroh und Heu und muß dabei großen Frost leiden. Ach, wie wird mir's gehen, ich kann ja den Winter nicht ausdauern. Wenn nur bald der liebliche Frühling kam, da Alles anfängt zu grünen, da hätt' ich bessere Bissen, das süßeste Gras, Blümlein und Kräutlein zu essen, wollt' ich mich da ergötzen. Was geschieht? Sein Wunsch ist ihm erfüllt worden, der liebliche Frühling ist eingezogen, das Vieh und unter diesem auch der Esel auf die Weide ausgelassen worden. Da hüpfte und sprang er vor Freuden dahin, wie des Schneiders Gais. O, gedenkt er, daß ich nur einmal diese Zeit erlebt hab' juche! jetzt will ich mir gute Tage an= thun und mir's wohl sein lassen. Aber, kaum hat er eine Stunde draußen geweilt, kommt der Müller schon daher und will ihn zur Arbeit einspannen, der Langohr aber spreitet sich, wollte nicht daran und rumorte wieder, bekommt dafür einige Stöße und der Herr treibt ihn mit Gewalt hinweg. Dies geschieht nicht nur das eine Mal, sondern noch öfter, so daß mein guter Esel über= drüssig ward und wünschte, wenn nur bald der Som= mer kam, vielleicht wird dann nicht mehr soviel Arbeit sein; was hilft's mir, wenn ich eine gute Weid' hab', und gleich wieder davon getrieben werde. Auch dieser Wunsch wurd' erfüllt, der Sommer kommt, da ging aber die Arbeit erst recht an, da mußte er in aller Früh aufsteh'n und den ganzen Tag gespannt sein, von einer Arbeit zur andern gehen, bald mußte er den Pflug, bald die Egge zieh'n, bald Mist ausführen, bald dem Müller den Sack in die Stadt tragen, bald Heu, bald

Korn, Weizen und Anderes einführen, hatte also den
ganzen Tag keine Ruhe. So wünschte er auch den
Sommer bald zu End' und den Herbst herbei, sicher
hoffend, er wurd' alsdann nimmer soviel Arbeit, son=
dern Ruhe haben. Aber die Hoffnung ist ihm abermals
in den Brunn gefallen, denn er hatte alle Tage Arbeit
genug, die Herbstfrüchte, Kraut, Erbsen und Anderes
einzubringen oder er mußte den Pflug ziehen, die Felder
für das Wintergetreide zuackern oder Holz ziehen für
den Winter. Ach, denkt er bei sich, bin halt ein armes
Thier, habe das ganze Jahr hindurch keine beständige
Freud', kein beständigen Fried', will noch lieber den
Winter haben, als den Sommer und Frühling, wenn
ich schon besseres Futter habe, was hilft's auch, wenn
ich mich durch soviel Arbeit herabschinde. Und letztlich ist
die Faulheit und Ungeduld bei ihm so groß geworden,
daß er sich ganz halsstarrig gezeigt, auch wollte er zu
keiner Arbeit sich brauchen lassen, so daß sich der Müller
über ihn billig erzürnt und ihm die Haut über die
Ohren hat abziehen lassen."

Die Nutzanwendung, daß es also auch Denjenigen,
welche nichts leiden, sondern nur gute Tage auf der
Welt haben wollen, ergeht, liegt nahe und gibt zu vielerlei
Betrachtungen Veranlassung, welche der Prediger nie
sparte.

Wie in den meisten katholischen Alpenländern fin=
det auch in Steiermark nach dem Gottesdienste am
Morgen des Ostersonntags die Weihe von Victualien,
welche in Körben in die Kirche gebracht werden, daselbst
statt. Solche Victualien sind insbesondere gebratenes

Fleisch, Schinken, Brod, Eier und Kreun (Meerrettig).
Die Trägerinnen dieses Korbes beeilen sich nach der
Weihe so rasch als möglich im Hause anzukommen,
denn nach gemeiner Anschauung ist jene, welche zuerst
mit dem „Geweihten" eintrifft, „das ganze Jahr voran",
d. h. sie wird zuerst heiraten. An alte, gewiß noch
aus der vorchristlichen Zeit gemahnende Anschauungen
erinnert der in manchen Gebieten geltende Glaube, man
müsse zu Ostern neunerlei Weihfleisch essen, d. h. in
neun Häusern, wo man als Gast einkehrt. Demjenigen,
der dies thut, kann kein wüthender Hund etwas anhaben.
Auch meint der Volksglaube z. B. in Leibnitz und Umgebung, man solle neunerlei „Geweihtes" d. h. neunerlei
Speisen essen, in slavischen Gegenden herrscht die Anschauung, daß man durch den Genuß von neunerlei Weihfleisch große Stärke erlangt. Ein Spiel, das Goneß-Treiben,
war sowohl in der oberen Steiermark, als auch im Mittellande zur Osterzeit beim Volke besonders üblich, es bestand
in einem bestimmten Hintereinandertreten und Abfangen
der Mitspieler und sollte einer Anschauung nach den Gang
Christi nach Emaus symbolisiren, nach Anderem erinnert
das Wort Goneß geradezu an die Gans, da die Theilnehmer
desselben im sogenannten Gänsemarsche hintereinander ge-
reiht sind. Vielleicht steckt auch in diesem alten Volksspiele, das wohl heute nur noch als Kinderspiel vorkommt, ein Gebrauch aus längst vergangener Zeit, der
auf irgend einen Festact hindeutet, welcher einst üblich
gewesen, da ja so viele dieser Ostergebräuche, wie aus dem
Angeführten vielfach hervorgeht, zweifellos mit Anschauungen der vorchristlichen Zeit in Verbindung stehen.

Pfingstbräuche im steirischen Alpenlande.

Wie heutzutage so wurde schon vor vielen Jahr=
hunderten der Eintritt des Frühlings, das Erwachen
der Natur und die erste Entfaltung ihres herrlichen
grünen und bunten Schmuckes auf Feld und Wiese, in
Wald und Hain freudig begrüßt. Jung und Alt sah
dem Nahen des Sommers mit seinen prächtigen Sonnen=
tagen und wunderbar lauen, mondurchglänzten Nächten
frohen Muthes entgegen und freute sich, daß der Winter,
der böse, grämliche Geselle mit Schneeflocken und Eis=
zapfen, wieder für eine Zeit gebannt war. Feste und
Feierlichkeiten aber wurden schon in der germanischen
Urzeit zu Ehren des fröhlichen Lenzes veranstaltet, und
heute noch erinnern Lieder und Spiele, welche sich auf
dem nördlichen und südlichen deutschen Boden im Volke
erhalten haben, an jene alten Gebräuche zum Empfange
des begonnenen Frühlings, wobei der Winter im Reime
des Liedes verhöhnt, der Frühling oder Sommer ge=
priesen wird, wohl gar auch in dramatischer Weise der
Winter und Sommer personificirt einander gegenüber=
stehen und sich bekriegen, worauf der Sieg natürlich der
blumengeschmückten Gestalt des Sommers oder Frühlings
zufällt.

Die christliche Zeit hat nicht minder ein schönes
Fest geschaffen, das an die Stelle jener heidnischen

Frühlingsfeier getreten ist: das Pfingstfest. Wie · bei so
vielen Festzeiten des Kirchenjahres, welche man von
kirchlicher Seite auf Tage oder Zeiten verlegte, die auch
in der vorchristlichen Periode als festliche galten, um das
Volk nur in langsamer, unauffälliger Weise von den ge=
wohnten religiösen Pfaden auf den Weg des Christen=
thums zu lenken, so wurden auch die Pfingsten in die
Zeit unmittelbar nach dem Eintritte des Frühlings gesetzt;
die Feier der Ausgießung des heiligen Geistes fiel mit
der Ausstreuung aller Reize, welche die schöne Jahres=
zeit bieten kann, zusammen, und so wurde das Pfingst=
fest zu einem Frühlings= oder Sommerfeste, an dem sich
fortwährend das Volk betheiligte, wie schon dessen urzeit=
liche Vorfahren den Eintritt des Lenzes und seiner
Freuden festlich begrüßt hatten.

Noch haben sich in den deutschen Gebieten sehr
wesentliche Spuren erhalten, welche auf jene Vorzeit
zurückdeuten; die norddeutschen Volksstämme so gut wie
Franken und Schwaben oder Baiern, deren Stamm sich
bekanntlich auch über die österreichischen Länder Tirol,
Salzburg, Kärnten, Ober= und Niederösterreich und
Steiermark erstreckt, weisen Eigenthümlichkeiten, Sitten
und Gebräuche auf, welche heute noch hervortreten, aller=
dings in verschiedene Formen gekleidet, die der Unein=
geweihte nicht auf den ersten Blick richtig zu erklären
vermag, die sich aber bald, bei aufmerksamer Beobachtung,
als werthvolle Erinnerung an die vor Jahrhunderten
üblichen Sitten herausstellen; werthvoll schon aus dem
Grunde, weil es die einzigen Spuren volksthümlichen
Lebens sind, welche uns aus jener Vorzeit erhalten

4*

blieben. Das österreichische Alpenland und das baierische
Hochland, zwei Gebiete, die wie erwähnt, von demselben
Volksstamme bewohnt, auch im Leben und Treiben ihres
Volkes die vollkommenste Aehnlichkeit aufweisen und bei
der ethnographischen Behandlung nie auseinandergehalten
werden können; diese Gebiete sind es, welche die Gebräuche
der Vorfahren in Gebirgsthälern und in den vom Strange
der Eisenbahn abgelegenen Gemeinden am besten und
reinsten bewahrt und deren Bewohner, zwischen ihren
Bergen getreu den Sitten ihrer Väter lebend, manchen
wichtigen Zug von den Eigenthümlichkeiten derselben
erhalten haben. Solche Volksgebräuche können oft mytho-
logisch gedeutet werden und weisen nicht selten bis auf
die altgermanischen Götterzeiten zurück, deren Spuren
darin überraschend hervortreten.

Um nun wieder auf das Pfingstfest zu kommen,
so macht sich heutzutage im Alpenlande allüberall die
Freude und die Lust an der so herrlich entfalteten Natur
geltend, welche ja zu Pfingsten des Frühlings festlichsten
Schmuck aufweist: der Aelpler schmückt seine Stube und
sein Haus gern mit Reisig und Grün und gibt so die
Freude an der im Feierkleide prangenden Natur zu
erkennen; auf Bergen und im Thal blühen die Blumen,
welche des Sommers Nähe bedeuten; Schnee und Eis
sind selbst auf der Alpe schon selten, und die Vorbereitungen zum Viehauftriebe auf die „Alm“, der nicht eher
erfolgen kann, als bis im Thale voller Sommer herrscht,
werden bereits getroffen.

Ein seltsamer Gebrauch hat sich in einem Theile
Steiermarks und Kärntens erhalten, der an die alt-

germanischen Festlichkeiten zum Empfange der sommer=
lichen Zeit erinnert und in den Volkssitten von Schwaben,
Franken und Oberbaiern so gut wie in Mecklenburg,
Westphalen und anderen Gegenden Norddeutschlands
Aehnlichkeiten aufzuweisen hat. Am Pfingstsonntag näm=
lich verläßt jedes sehr früh sein Lager, Knecht und Dirne
eilen hinaus, verrichten im Freien ihr Morgengebet,
pflücken Blumen und winden Kränze, schleichen aber vor
Allem in die Schlafkammern der Nachbarn, und wehe
dem, der an diesem Tage den Sonnenaufgang verschläft.
Er wird mit Wiesenblumen bekränzt, vielfach verhöhnt
und erhält den Spottnamen „Pfingstlucken", welcher ihm
noch lange nachher anhaftet. Dieser uralte Brauch reicht
weit über die deutsche Sprachgrenze der Steiermark und
Kärntens und herrscht auch in dem slavischen Theile
dieser Länder. In Obersteiermark bekommt Derjenige,
welcher im Hause am spätesten aufsteht, den Namen
„Pfingstnudel" und wird mit demselben fortwährend
geneckt. Auf die Bezeichnung kommt es weniger an, und
in der Sache hat man es hier offenbar mit demselben
Gebrauche zu thun, der auch im nordwestlichen Böhmen
und im fränkischen Gebiete herrscht, wo der spät Auf=
stehende mit dem derben Spottnamen „Pfingstlümmel"
bedacht wird; auch in Schwaben findet sich der „Pfingst=
lümmel", und in Westphalen sowie in verschiedenen Ge=
genden Norddeutschlands gelten der „Pfingstfuchs" oder
die „Pfingstbraut", d. h. der Bursche oder das Mädchen,
welche am Pfingsttage mit den Kühen zuletzt auf die
Weide kommen, ebenfalls für einen besonderen Gegen=
stand des Spottes und werden mit Wiesenblumen, wohl

auch mit Stroh oder Nesseln bekränzt. Im Harz wird das auf die Weide getriebene Vieh ebenfalls bekränzt; dies erinnert wieder an die Sitte in der mittleren Steiermark. Dort erhält die Kuh, welche an dem genannten Tage zuletzt auf die Gemeindeweide gelangt, einen Kranz. In der Gegend von Straden und Mureck ist dies allgemein üblich. So werden Mensch und Vieh verspottet, welche an diesem Tage zu spät im Freien erscheinen, die „Pfingstlucken" mit ihrem Blumenkranze wird überall lärmend begrüßt. Im Hause aber schleichen am Pfingstsonntag=Morgen Hausväter und Hausmütter in die Schlafkammern der Söhne und Töchter, zu den Schlafstellen der Knechte und Mägde, um Jemanden zur „Pfingstlucken" oder „Pfingstnudel" zu machen.

Die Erklärung dieses Gebrauches liegt nahe. Hatte man in der Vorzeit die freudige Sommerszeit bei ihrem Nahen festlich begrüßt, so begannen diese Feste schon bei Sonnenaufgang, und Jeder wollte am frühesten Morgen im Freien sein, wenn sich die Reize der Natur so schön entfalteten. Erschien Jemand zu spät, so wurde er wohl verspottet und verlacht, und die Naivetät des Volkes hat diesen Spott sogar auf das Vieh, welches zu spät auf der Weide anlangt, ausgedehnt. Vor Kurzem noch wurde in einigen Gebieten Steiermarks diesem Gebrauche weit ausführlicher gehuldigt, wodurch die uralten Festlichkeiten noch mehr angedeutet erscheinen. Da auch hierüber aus diesen Gegenden noch nichts bekannt ist, finde die Mit=theilung eines Landmannes aus dem Dorfe Ober=Seibersdorf hier ihren Platz. In Ober=Seibersdorf, erzählt dieser, waren am Pfingstmontag der Umzug mit der zu spät aufgestandenen „Pfingstlucken=Braut" und der „Fuchstanz" üblich. Die Bäuerinnen hatten zugleich ihr „Richtermahli" (Festmahl), das der Dorfrichter geben mußte und bei dem keine Männer anwesend sein durften. Nach dem Mittagessen begann der Umzug, die jungen Bursche zogen einen mit kleinen Fichten und Kränzen „aufgmaschterten" Wagen durch das Dorf, auf welchem die „Pfingstlucken = Braut", weiß gekleidet, mit zwei „Kranzeljungfern" saß; Letztere waren im bunten Ge= wande, alle Drei aber hatten weiße Tücher auf dem Kopfe. Rückwärts schob die Dorfjugend den Wagen und warf der „Braut" Kränze aus Brennnesseln und Laub zu als „Brautkränze". Die Bursche zogen den Wagen bis zu dem Hause, wo die Bäuerinnen ihr Pfingstmahl hatten, erhielten dort Speise und Trank, fuhren auf's Feld und von da wieder in's Dorf. Dort hatten sie dann ihre eigentliche Festmahlzeit und in der Tenne den „Fuchstanz". Ein Fuchs wurde nämlich von den Burschen schon am Tage vorher gefangen und im Dorfe bei den Häusern vorgezeigt, wofür Geld= oder Naturalien= geschenke einliefen. Diese verwendete man zu einem länd= lichen Ball, der „Fuchstanz" genannt.

Welch' eine Zahl germanisch = mythologischer Be= ziehungen in diesen Bräuchen! Das Fest zum Empfange des Sommers, die Bloßstellung der Person, welche dieses Festes=Eröffnung verschlafen hatte, die Beziehung auf Thor, den Donnergott, der auch als Gott des Sommers gilt, da ja nur in den Sommertagen sein Donner er= schallt, und endlich die Vorführung des Fuchses; der Fuchs war dem Thor heilig wie andere röthlich behaarte

Thiere, welche an des Gottes rothen Bart erinnern.
Die Erwähnung des Fuchses findet sich bei den Pfingst=
gebräuchen in Deutschland nicht selten, das Herumtragen
eines Fuchses ist auch in der Altmarkt üblich, und in
Westphalen heißt die zuletzt auf die Weide gekommene
Person „Pfingstfos" (Fuchs).

Zu Wagendorf in Mittel = Steiermark fand vor
etwa dreißig Jahren noch folgende Pfingstfestlichkeit statt,
die ebenfalls höchst charakteristisch erscheint und an den
Ritt des „Wasservogels" oder „Pfingstls" in Nieder=
baiern, an die Pfingstritte in Schwaben sowie an ähn=
liche Uebungen in Pommern, Mecklenburg und Thüringen
erinnert. Die Festlichkeit hieß der „Pfingstlucken = Ritt"
und wurde insbesondere von „Halter= und Ochsenbuben"
(also von Viehhirten) arrangirt. Auf der „Halb" (Weide)
war ein Platz bestimmt, und wer an dem genannten
Tage mit seinem Vieh zuletzt dort ankam, war „Pfingst=
lucken", er wurde bei dem nachfolgenden Ritte bekränzt.
Aber auch wer als der Erste, Zweite und Dritte u. s. w.
auf dem Platze eintraf, spielte eine Rolle. Der Erste
(kamen deren Zwei gleichzeitig an, so galt dies für alle
Zwei) erhielt den Namen „Fahnlführer", der Zweite hieß
„Klaubauf", der Dritte „Krotenstecher". Die Anderen
erhielten ebenfalls verschiedene scherzhafte Namen, und der
Letzte war eben die „Pfingstlucken". Am Pfingstsonntag
Nachmittags zeigte sich schon das ganze Dorf in Auf=
regung, jeder Bauer gab gern ein Pferd für den Zug
her, der nun zusammengestellt wurde. Die Bursche er=
hielten Sträuße von den „Dirnbln", und von einem
bestimmten Versammlungsorte aus begann nun der

„Pfingstlucken = Ritt". Voran ritten die „Fahnlführer"
mit kleinen Fähnchen, hinter ihnen kam der „Kroten=
stecher" mit Helm und Schwert und einem langen Spieß
auf dem eine Reihe von Fröschen und Kröten steckte,
die von der Dorfjugend inzwischen gefangen worden
waren. Es folgten die „Stababkehrer" mit großen Besen,
welche sie beim Vorüberreiten an einer Wasserlache hinein=
tauchten und die Leute bespritzten; die „Klaubauf"
hinter diesen griffen auf, was ihnen während des Weges
in die Hände kam, und warfen es zwischen die Begleiter.
Auch die anderen Reiter mit ähnlichen Scherznamen
„machten allerlei Schwänk". Zuletzt kam die „Pfingst=
lucken" ganz mit grünen Birkenreisern umflochten und
bekränzt auf dem schlechtesten Rosse. Der Zug lenkte in
das nahe St. Veit und stellte sich in der Nähe der
Kirche in Reih' und Glied auf, gerade wenn die Leute
vom Nachmittags=Gottesdienste heimkehrten; hier schleu=
derte der Krotenstecher seine Frösche und Kröten unter
die Zuschauer, und Jeder trieb Possen, entsprechend
seinem Namen. Dann ging's wieder in's Dorf, und es
fand der „Fuchstanz" statt. Die herrschaftlichen Beamten
und Honoratioren befanden sich ebenfalls unter den zahl=
reichen Zuschauern, und dem Gebrauche wurde dadurch
ein rasches Ende bereitet, daß einmal der „Krotenstecher"
einige dieser Respect=Persönlichkeiten mit Kröten bewarf,
worauf im Jahre 1847 der „Pfingstlucken=Ritt" behördlich
verboten ward. Die Spiele der Knaben erinnerten einige
Zeit noch an diese Uebung.

Zu Anfang dieses Jahrhunderts betheiligten sich
am „Pfingstlucken=Ritt" daselbst noch angesehene Bursche

des Dorfes und selbst verheiratete Männer, nicht blos
die Hirten; auch waren die Reiter, den Berichten nach
schön militärisch ausgerüstet und zogen schon Vormittags
nach St. Veit; der Erste an der Spitze des Zuges hatte
einen Besen und hieß der „Maulabwischer". Er fuhr
mit dem Besen den Leuten unversehens in's Gesicht,
und der freilich derbe Scherz gab dann immer zu lachen.
Alle diese Gebräuche erinnern an das uralte Sommerfest,
so die Einhüllung der „Pfingstlucken" mit Reisern, die
Fichtenbäumchen, und da es nicht unwahrscheinlich ist,
daß in alten Zeiten ein allegorisches Spiel stattfand,
welches die Niederlage des Winters im Kampfe mit dem
Sommer darstellte, so könnte die „Pfingstlucken", welche
von dem Grün der Zweige verdeckt, ist, wohl auch den
besiegten Winter bezeichnen, dessen Morgen erst spät
anbricht und den das sommerliche Grün verschwinden
macht. Zu bemerken ist auch, daß die Kröte zum Gotte
Thor ebenfalls in Beziehungen stand, kommt die Be=
zeichnung „Donnerkröte" ja noch heute vor. Der „Kroten=
stecher" ist also jedenfalls eine daran gemahnende Gestalt
des Zuges.

Daß die Hexen zu Pfingsten eine besondere Gewalt
haben, weiß im Alpenlande Oesterreichs Jedermann,
und es werden die grauenvollsten Geschichten davon
erzählt, welche wir ihres Umfanges wegen hier nicht
erwähnen können. Besonders im Mürzthale der Steier=
mark ist der Hexenglaube stark verbreitet; man trifft
auch wohl Vorsorge, daß die Hexen dem Vieh nicht
schaden, den Menschen nichts zu Leide thun und ihren
bösen Einfluß auf die Witterung nicht äußern können.

Verschiedene Gebete und Segenssprüche sind dagegen, wie Bauer und Bäuerin zu erzählen wissen, das allerbeste Mittel.

Im Oberlande der Steiermark, in der Gegend um Murau, jener kleinen uralten Stadt, die, weit abseits vom Bahnstrange liegend, alte Sitten und Eigenthüm= lichkeiten noch vielfach bewahrt hat, herrschen auch in der Kirche noch die Gebräuche alter, wenn auch noch nicht allzu lange vergangener Zeit. So findet sich in Schöder nahe bei dem genannten Städtchen, eine stattliche Kirche. Die Mittelöffnung im Gewölbe des Hauptschiffes darin heißt das „Heiligen=Geist=Loch", und durch diese Oeff= nung wurde noch vor Kurzem am Pfingstsonntag an einer Schnur die aus Holz geschnitzte Taube als Sinn= bild des heiligen Geistes herabgelassen und in drehende Bewegung versetzt, als wollte sie auf die versammelte Gemeinde hinabschweben. Es geschah dies unmittelbar vor der Predigt, während der Absingung des ebenfalls nur an diesem Tage üblichen Pfingstliedes. Im vorigen Jahrhundert und vor kaum fünfzig Jahren noch diente dieses „Heiligen=Geist=Loch" zu noch seltsamerem Gebrauche Man warf nämlich durch dasselbe gedörrtes Obst, Leb= kuchen und dergleichen Näschereien auf das Kirchenpflaster hinab. Die jungen Bursche und Mädchen suchten davon in aller Eile möglichst viel aufzulesen, plötzlich aber ergoß sich Wasser aus derselben Oeffnung auf die Sammelnden und durchnäßte sie tüchtig. Damit sollte die Außgießung des heiligen Geistes mit seinen Gaben angedeutet werden. Ueber diese Sitte wurde dem Verfasser vorliegender Zeilen von einem Gewährsmann aus Schöder Mit=

theilung gemacht, und der Großvater des Letzteren erin=
nerte sich genau, als Knabe eifrig beim Sammeln der
aus dem „Heiligen=Geist=Loche" geworfenen Gaben be=
theiligt gewesen zu sein. Die vielfachen Unzukömmlich=
keiten und das Unpassende dieses Volksbrauches haben
demselben im vorigen Jahrhundert in Steiermark ein
Ende gemacht und nur das Herablassen der „Heiligen=
Geist"=Figur ist bis vor Kurzem noch beibehalten wor=
den. In Kärnten dagegen soll an verschiedenen Orten
das Ausgießen des Wassers aus dem „Heiligen=Geist=
Loche" heute noch bestehen. Das Herablassen der Figur
erinnert an die in einigen Gegenden Tirols und Kärntens
herrschende Uebung, zu Ostern eine geschnitzte Figur
Christi durch dieselbe Oeffnung in der Kirche emporzu=
heben und damit die Auferstehung anzudeuten.

Eine besondere Beachtung verdienen auch die so=
genannten „Pfingstbrünnln" im Oberlande Steiermarks
an der Salzburger und Kärtner Grenze, die sich zumeist
im Walde befinden und in der Pfingstzeit ein Gegenstand
hoher Aufmerksamkeit werden. In der Nähe Muraus
befinden sich mehrere solche Pfingstbrünnlein unter diesem
Namen. Am Pfingstsonntag Nachmittags begibt sich Jung
und Alt, Groß und Klein zu diesen Wasserquellen; man
setzt sich auf die Baumstöcke und Baumwurzeln, ins
Gras und auf den Waldboden, die Buben erklettern die
Bäume, es wird allerhand Kurzweil getrieben, gesungen
und gejodelt und recht viel des frischen Wassers getrunken,
jedoch auch dem mitgebrachten kräftigen Weine zuge=
sprochen. Man nennt dieses Wasser den „Heiligen=
Geist=Thau" und auch die Brunnen die „Heiligen=

Geist=Brunnen". Früher wurden sogar Auszüge in ge=
ordneter Schaar mit Musik zu diesen Quellen veran=
staltet, die außer dem Pfingstsonntage vollkommen unbe=
achtet bleiben.

Auch diese Sitte erinnert an die Vorzeit, in
welcher gewisse Quellen heilig gehalten wurden und dem
Wasser überhaupt eine stärkende Kraft zugeschrieben
ward, auch hier scheint sich die Erinnerung an das
Frühlingsfest, zu dem man bei der geweihten Quelle zu=
sammenkam, erhalten zu haben. — So deuten auch die
meisten der Pfingstgebräuche des Alpenlandes auf den
Zusammenhang mit der Zeit unserer germanischen Vor=
fahren hin und lassen ersehen, wie werthvoll dem
Culturforscher die Kenntniß derartiger Uebungen des
Volkes sein muß.

Das St. Nicolaus=Spiel im steierischen Ennsthale.

Die Sitten und Gebräuche unserer Ahnen haben
sich nirgends so lange und wenig verändert erhalten,
als in jenen Theilen des Alpengebietes, welche theilweise
zu Baiern, theilweise zu Oesterreich gehören und in
neuerer Zeit auch wirklich mit aufmerksamerem Blicke
durchforscht werden. Insbesondere ist es das Volkslied,
welches noch in den mehr abgelegenen Wald= und Ge=
birgs=Thälern von den Bewohnern gepflegt wird und
sowohl in poetischer als in culturhistorischer Beziehung

manche Ausbeute für Denjenigen verspricht, der sich dem
Nachspüren dieser poetischen Aeußerungen des deutschen
Volksthumes in den Alpen zuwenden will. Damit zu=
sammen hängt das Volksschauspiel. Es ist vielfach nichts
Anderes als ein dramatisches behandeltes Lied, oder,
wenn man will, eine Reihe von Liedern, die durch einen
dramatischen Faden zusammengehalten werden. Das Volks=
schauspiel im engeren Sinne wird immer nur vom Land=
volke selbst zur Darstellung gebracht, und reicht in seiner
Entstehung oft in das sechzehnte Jahrhundert und noch
weiter zurück; es tritt zumeist in der Form von Weih=
nachts= oder Hirtenspielen, sowie von Passions= oder
Osterspielen auf; die ersteren sind in den österreichischen
Alpenländern; Kärnten, Steiermark, Salzburg, auch wohl
in Ober= und Niederösterreich sehr gebräuchlich, die
Passionsspiele scheinen mehr dem nordwestlichen Gebiete
der deutschen Alpen, insbesondere dem baierischen Hoch=
lande anzugehören. Doch hat auch Steiermark sein ori=
ginelles „Leiden Christi"=Spiel aufzuweisen, dessen in
einem vorhergehenden Aufsatze, Seite 22 gedacht wurde.
Außerdem geben auch andere bestimmte Tage Veran=
lassung zu solchen volksthümlichen Ausführungen, und
zu einem dieser Tage gehört der 6. December, an dem
die katholische Kirche das Fest des heiligen Nicolaus
feiert. Es ist, wie bekannt, vielfach in den katholischen
Ländern Deutschlands üblich, an diesem Gedächnißtage
des „heiligen Bischofs Nicolaus" die Kinder zu beschenken
auch zieht wohl auf dem Lande ein als Bischof ver=
kleideter Kinderfreund umher, gewöhnlich in Begleitung
eines kettenrasselnden Knechtes Ruprecht und vertheilt an

die Kinder Gaben von Aepfeln, Nüſſen und Marcipan
und ſonſtigen Näſchereien, nachdem er die Kinder vorher
zur Frömmigkeit und Gehorſam gegen die Eltern ermahnt,
ſie etwa auch über verſchiedene ihrem Verſtande nahe=
liegende Kenntniſſe geprüft und die unwiſſenden und
unfolgſamen mit ſcharfen Tadelworten entlaſſen hat.

In den obermähnten Alpenländern herrſcht dieſe
Sitte faſt ausnahmslos, aber im Ennsthale der oberen
Steiermark fand ich damit eine Art Volksſpiel verbunden,
das in Anweſenheit der Großen und Kleinen noch vor
wenigen Jahren auf einfache Weiſe aufgeführt wurde
und das nicht nur überraſchend poetiſche Schönheiten
enthält, ſondern auch in ſeiner einfachen Gliederung,
in der Diction und in vielen Wendungen an die poeti=
ſchen Spiele des ſpäteren Mittelalters erinnert und ins=
beſondere den dramatiſchen Dichtungen des Hanns Sachs
ſehr ähnlich iſt. Alle dieſe Momente weiſen auf ein hohes
Alter des Nicolaus=Spieles hin, und einem günſtigen
Zufalle während meiner Anweſenheit in dem ſchönen und
freundlichen, den Kennern unſeres Alpenlandes überaus
wohlbekannten Dorfes Liezen in Oberſteiermark, ſowie
der Unterſtützung meines Freundes Chriſtoph Köllner,
Notars daſelbſt, iſt es zu verdanken, daß mir aus dem
Munde der Darſteller ſelbſt der Text zu dieſem intereſ=
ſanten Denkmale dramatiſch=poetiſchen Lebens im Volke
bekannt wurde und es möglich iſt, im Nachfolgenden die
Darſtellung zu ſkizziren.

Das Spiel fand gewöhnlich am Nicolai=Tage, und
zwar ohne viel ſceniſchen Apparat, etwa in einem größeren
Zimmer, ſtatt, das durch einen höchſt einfachen Vorhang

getheilt war. Nach dem Aufziehen desselben traten nach
und nach ein Jäger, ein Engel, ein geistlicher Herr, der
Bischof Nicolaus, der Teufel, ein armer Waldbauer und
der Tod auf. Der Darsteller des Bischofs hat eine
goldpapierne Bischofsmütze auf dem Kopfe, einen Bischofs=
stab in der Hand und ein weißes faltiges Gewand an;
der Teufel ist mit einigen höllischen Begleitern möglichst
gräßlich herausgeputzt; der Tod hat anliegende weiße
Tricots, auf denen durch schwarze Farbe das Knochen=
gerüste möglichst veranschaulicht wird. Das Publikum
besteht nicht nur aus erwachsenen Zuschauern, sondern
insbesondere auch aus den Kindern, welche, ohne es
selbst voraus zu wissen, in die Handlung eingreifen.
Diese beginnt mit dem Auftreten des Jägers, der nach
einer kurzen Begrüßung der Gesellschaft spricht:

„Ich tritt herein in dieses Haus,
Ich bin der Jäger von St. Nicolaus.
Ich bitt' den Herrn und auch die Frau,
Ob der heilige Herr Nicolaus nicht hereinkommen kann,
Und thut Ihr es erlauben, so sprechet: Ja!
Dann werd' ich's meinen Kameraden unterbringen,
Da werden sie hupfen und springen
Und dabei Juchhe singen.
Nun kommt ihr herein,
Schöner Engel und Kindelein!"

    Der Engel, welcher nun auftritt, spricht:

„Ich tritt herein in dieses Haus,
Ich komm' mit dem heiligen Mann Nicolaus,
Ihr Hausväter und Hausmütter,
Bringet Eure Kinder hervor,
Damit sie St. Nicolaus was beten vor."

Die Kinder betreten nun die Bühne, und ein gleich=
zeitig erscheinender geistlicher Herr, natürlich auch eine
Theaterfigur, spricht:

„Gelobt sei Jesus Christus!
Mich hat mein Oberhirt gesandt,
Die Kleinen zu belehren, die Großen zu ermahnen,
So geh'n wir's an in Gottes Namen."

Er fängt nun einige Kinder wirklich zu befragen
an. Inzwischen tritt die vornehmste Person des Spieles,
Nikolaus selbst, auf und spricht nachfolgende Verse:

„Gelobt sei Jesus Christ!
Ich tritt herein in dieses Haus,
Ich bin der heilige Mann Bischof Nikolaus.
Jetzt ist die Zeit kommen an,
Wo man die Kinder heimsuchen kann. —
Im Anfange erschuf Gott alle Ding',
Die Erde und den Himmelsring.
Zugleich das große Firmament,
Wo zwei große Lichter steh'n,
Das erste bei Tag, das and're bei Nacht,
Das hat man Alles wohl betracht'.
Die Fischlein sollten im Wasser schwimmen,
Die Vöglein sollten in Lüften singen.
Es sagen's Fisch und Wasserstrom,
Daß Gott die Menschheit erschaffen will,
Da erschafft' er's nach seinem Ebenbild.
Nun, ihr Hausväter und Hausmütter,
Bringet Eure Kinder hervor,
Auf daß sie mir was beten vor,
Ich will die Guten belohnen, die Bösen bestrafen.
Hier ist Derjenige, den Gott mitgesandt hat,
Der wird die Kleinen belehren, die Großen erinnern."

Gemeinsam mit dem Geistlichen nimmt Nikolaus hierauf die Befragung der Kinder vor, läßt sie kleine Gebete hersagen und stellt auch wohl an die etwas größeren Fragen aus dem Katechismus. Einige Zeit darnach zieht sich Nikolaus mit dem Geistlichen zurück und es tritt kettenrasselnd die Gestalt des Teufels in Begleitung Mehrerer ein. Alle tragen Gabeln, Ketten und dergleichen höllische Attribute mit sich. Lucifers Rede ist verhältniß= mäßig lang und verräth an verschiedenen Stellen das Alter der Verse, die wohl hier und da corrumpirt erscheinen; sie sei an dieser Stelle mitgetheilt:

„Ha, Ha!
Ihr habt mich berufen und jetzt bin ich da,
Ihr habt mich noch nie geseh'n,
Weil ich so tief in der Hölle bin g'wen (gewesen),
Und weil mich Gott herausgenommen,
Zu strafen die Bösen und nicht die Frommen.
Und dieweil muß ich jetzt vollziehen meine Pflicht,
Weil Ihr Euch diese Zeit habt gebessert nicht.
Und dieweil ihr in Sünden und Laster her und her
Und immer schlechter werdet, Hausväter und Hausmütter.
Ueber Euch habe ich wohl viele große Klagen,
Die mir der heilige Mann Nicolaus hat vorgetragen,
Da Ihr über Eure Kinder eine so schlechte Zucht thut haben,
Indem ihr sie nicht beten wollt lehren
Und sie nicht in die Kirche schickt, die Meß' und Predigt
                          anzuhören,
So müsset ihr in der Hölle leiden, ewig, immer und ohne End',
Weil Gott in Ewigkeit dann Eurer nicht gedenkt.
Es haben es schon viele erfahren,
Aber Ihr wollt es noch nicht glauben.
Der heilige Nicolaus ist ein heiliger Mann,
Der Euch etwas schenkt und Euch belehrt

Und Ihr Euch doch nicht zur Buß' bekehrt.
Hausväter und Hausmütter,
Eure Kinder fragt ihr auch nimmer mehr:
Seid Ihr gewesen in der Kirch' und in der Predigt?
Oder was sie noch von der Predigt wissen —
Sie laufen auf der Gasse, oder zum Essen wie die Rinder,
Ist das eine Zucht für Eure Kinder?
Ach Welt und Blut und Eitelkeit,
Wie wird es noch einmal zugehen in der langen Ewigkeit.
Wollet ihr nun den heiligen Mann Nicolaus noch vexiren,
So werdet Ihr bei Gott die Gnad' verlieren.
Ich, ein armer Teufel, hab' begangen eine einzige Sünd',
Die mich so tief in die Hölle bringt;
Und Ihr begeht soviel tausend Sünden,
Und Ihr wollet noch den Weg zum Himmel finden?
O wie blind sein doch die Leut,
Verscherzen ihre kostbare Zeit. —
Mit Eurem Freud'- und Wollustleben
Geht Ihr der Hölle zu soeben.
Gott für Euch am Kreuz ist gestorben
Und hat für Euch das Himmelreich erworben,
Er hat vergossen sein letzten Tropfen Blut,
Den Ihr mit Füßen treten thut.
Die Tänzer und Springer mit Ihrem Uebermuth,
Die jagt's herum brav auf der Glut;
Da mach' ich Euch heiße Feuerflammen,
Daß' über Euerm Kopf geht zusammen.
Und die überflüssig haben getrunken und gegessen,
Die thut man binden an Händen und Füßen
Und thut sie braten an den Spießen,
Die Raufer, die Flucher, die Schelter sogar
Die schleppt man herum bei die Haar.
Weil Raufen und Fluchen gewesen Eure größte Freud',
Werdet Ihr dafür gepeinigt in Ewigkeit.
Die Ehrabschneider hängt man bei den Füßen auf
Und schneidet ihnen die Zunge heraus.

5*

Da heizt man drunter brav zu
Und in Ewigkeit habt Ihr kein' Ruh'.
Und die verstockten Sünder,
Die treibt man gar stark herwieder,
Daß Euch der Kopf springt hernieder.
Mit glühenden Peitschen zerschlagt man Euch das Haupt,
Weil Ihr an keine guten Lehren habt geglaubt.
Die Wahrheit werdet Ihr erfahren
In Feuer, Gestank und Gefahren,
Und wenn dann einmal kommt die Zeit,
Wo die Seele vom Leib' abscheid't,
Da werd' ich meinen Fleiß gewiß nicht sparen,
Bis ich in Klauen Euch habe mit Haut und Haaren.
Hausväter und Hausmütter,
Haltet Euer Gebot wohl fest zusammen,
Sonst fall't Ihr Alle in die Höllenflammen,
Wo Alle Verdammten thun klagen:
Bist Du es, o Vater, verdammter Höllenbrand,
Wegen Deiner bin ich in die Höll' verdammt,
Und Du, o Mutter, hast mir auch Alls zugesagt,
Wenn ich bin in Sünden und Lastern herumgetappt.
Auch Ihr, meine lieben Kinder,
Wendet Euren Lebenslauf geschwinder,
So könnt Ihr noch werden glückselige Kinder.
Und wollt Ihr Euren Lebenslauf nicht mehr wenden,
So seid Ihr bald in den Teufels Händen.
Ach was Schrecken wird es sein,
Wenn ich Euch reiß' in die Hölle hinein,
Da bin ich Tag und Nacht dabei,
Wo allezeit Unglück vorhanden sei,
Da blase ich hinten und vorne recht zu,
Da habt Ihr vor mir keine Ruh'.
Ich will Euch die Höll' wohl tapfer hitzen,
Damit Ihr bei mir müßt ewig schwitzen.
Und ich will Euch einführen in mein Reich,
Daß Ihr müßt sieden und braten zugleich

Und ich will Euch einführen in mein Feuer,
Da wird Euch das Lachen wohl theuer. — —
Ich tritt herein wie ein feuriger Hund,
Und will Euch führen in den Höllengrund.
Jetzt will ich meine Predigt schließen und muß es lassen,
Weil mir Gott und der heilige Nicolaus nicht länger Zeit
                                        lassen.
Und wenn ich Euch wollt' alle Wahrheit sagen,
So würde es noch kein End' nicht haben."

Nach diesen eindringlichen tadelnden Worten zieht
der höllische Prediger nebst seinen Begleitern kettenrasselnd
wieder ab, und ein armer Waldbauer tritt auf, dem
keine bestimmte Rolle vorgeschrieben ist, sondern der in
extemporirter Rede jammert, daß ihn hungere, und über
die bösen Menschen und die schlechten Zeiten klagt.
Nach seiner dem Talente des Darstellers überlassenen
Rede tritt, die Sense in der Hand, der Tod ein und
spricht die an das alte Volkslied anklingenden Verse:

Ich bin der Tod,
Mein Pfeil ist Gift.
Ich geh' hinaus
In die weite Welt,
Und such' mir aus,
Was mir gefällt.
Hoch und Nieder,
Groß und Klein,
Alles muß gestorben sein."

Er mäht den armen Waldbauer mit seiner Sense
nieder und die Schaar der Teufel naht rasch, faßt den
Getödteten bei den Beinen und will ihn hinausschleppen.
Ihnen stellen sich aber einige inzwischen herzugeeilte

Engel entgegen, welche die höllische Schaar schließlich besiegen und den Leichnam mit sich fortführen. Damit ist auch das Spiel abgeschlossen.

Die Allegorie des zweiten Theiles, welche das Leben des Armen, Leidenden, der fromm bleibt und über den schließlich nach dem Tode die bösen Geister keine Gewalt haben, schildert, ist aus dieser Handlung leicht zu ersehen. Dieses volksthümliche Spiel ist im ganzen Ennsthale sehr verbreitet und wird am Abend des Nicolaus=Tages zur Darstellung gebracht. In Liezen, woher, wie erwähnt, die obige Version des Textes rührt, geschah diese Aufführung regelmäßig alljährlich, bis vor einigen Jahren zwischen den Darstellern sich einmal ein Streit entspann und nicht nur eine Rauferei, sondern sogar auch einen Proceß vor den Schranken des Straf= gerichtes zur Folge hatte, aus welchem prosaischen Grunde die Behörde weitere Aufführungen im Orte verbot.

Es läßt sich vielleicht annehmen, da nahe bei Liezen sich die Benedictiner=Abtei Admont befindet und auf die culturelle und religiöse Volksentwicklung des ganzen Ennsthales heute noch von hervorragender Be= deutung ist, daß auch dieses Spiel seinerzeit von einem Admonter Geistlichen verfaßt wurde, wenigstens weisen die frommen geistlichen Ermahnungen und der Ton des Ganzen darauf hin, daß der geistliche Stoff wohl auch einen geistlichen Arbeiter gefunden.

Weihnachtsglaube und Weihnachtsmärchen aus Steiermark.

Wie überall in den Bergen des südwestlichen Theiles unserer schönen österreichischen Heimat, so hat sich auch in dem Gebirgslande Steiermark, hinter den Höhen des Semmering, in den Thälern längs des Zuges der Fischbacher Alpen, im Thale der Mürz und der Mur, wie in dem der schäumenden Enns, im Gebiete des majestätischen Hochschwab und auf dem Boden der Mark überhaupt, soweit er deutsche Bevölkerung beher= bergt und darüber hinaus, wie wir schon öfter gesehen, mancher uralte Volksglaube und Brauch erhalten, dessen Ursprung bis in die graue Vorzeit zurückreicht; die Gelehrten finden in diesen Bräuchen und Volksmeinungen zahlreiche Spuren des einstigen germanischen Alterthums und in der That bieten verschiedene Züge und Momente volksthümlicher Sitte der Alpenvölker Oesterreichs Erin= nerungen an die Uebung jener fernen Vergangenheit.

Zu einer der wichtigsten dieser Perioden zählt Weihnachten. Nicht nur die Geburt des Erlösers wird in Haus und Kirche mit großem Jubel in Steiermark gefeiert, die Zeitperiode dieser Festtage gilt auch als eine besonders geheimnißvolle, zauberdurchwehte und wer es richtig anzufassen weiß, kann in derselben viel ergründen, was sonst im geheimnißvollen Reiche der Zukunft ver= borgen liegt. Es ist kein Zweifel, daß der Volksglaube

in Steiermark damit die Erinnerung an die Zeit des
germanischen Julfestes, der Feier der Wintersonnenwende,
bewahrt hat, welche gegen Ende des Jahres stattfand und
in welche Tage vielleicht absichtlich von der Kirche auch
das Fest der Geburt Christi verlegt worden ist, um nach
und nach die heidnischen Anschauungen zu verwischen.
Man erzählt sich heute noch im Volke wunderbare Ge=
schichten, die mit der Weihnachtszeit zusammenhängen.
Insbesondere in die eigentliche Christnacht hat, wie in
die Johannis= und Walpurgisnacht oder in die Nacht
vom letzten auf den ersten Tag des Jahres der Volks=
glaube viel Geister= und Gespensterspuk verlegt; in dieser
Nacht kann man durch Blei= oder Wachsgießen und durch
eigenthümliche zauberhafte Vorkehrungen erforschen, ob
Jemand im nächsten Jahre stirbt oder heiratet, man kann
den Teufel zwingen, große Reichthümer herbeizuschaffen,
man kann sogar alle Thiere im Stalle oder im Walde
sprechen hören und von ihnen wieder allerlei zukünftige
Dinge erfahren.

Darüber einige Märlein, welche aus dem Munde
von Personen stammen, die, dem eigentlichen Landvolke
angehörend, an die Wahrhaftigkeit derselben fest glauben.
In der Christnacht nach 11 Uhr, also gerade zur Zeit
der Mette, um welche Stunde das Christkind geboren
wurde, reden die Thiere. Einige sagen, nur die Pferde.
Wer sich unter den Futtertrog legt, vernimmt ihr Ge=
spräch. War nun ein Bauer im Mittellande Steiermarks,
dem ließ die Neugierde keine Ruhe, was seine Pferde
im Stalle wohl sprechen würden. Er verbarg sich zur
bestimmten Zeit im Stalle unter dem Futtertrog. Und

siehe da, die Rosse begannen zu sprechen und sprachen
von ihrem Herrn und besprachen es, was sie wohl nun
für einen Herrn bekommen würden, denn der jetzige
müsse ja bald sterben. Voll Angst und Verwunderung
hörte der Bauer diese Unterredung der Pferde und ver=
ließ in tiefer Betrübniß den Stall. Wie die Thiere vorher
gesagt, so trat es aber auch ein, von der Stunde an
ward der Bauer kränklich und noch waren nicht viele
Wochen des neuen Jahres vorübergegangen, so hatte ihn
auch die Strafe seines Vorwitzes getroffen und er war
eine Leiche.

Heiterer ist die Geschichte von einem Knechte, der
die Ochsen im Stalle behorcht hat. Während der Zeit
der Mette war dieser allein zur Bewachung im Hause
zurückgeblieben, er lag im Stalle in seinem Bette, da
vernahm er plötzlich, wie ein Ochs zu dem übrigen Vieh
für den Knecht ganz vernehmbar sagte: „Morgen wird
unser Herr bei der ersten Gabel Kraut ersticken.“ Aller=
dings hielt der Knecht nicht viel auf diese Prophezeiung,
aber, da er seinen Herrn gern hatte, war's ihm dennoch
nicht gleichgiltig. Am Weihnachtstage saß der Bauer mit
dem ganzen Gesinde bei Tisch, als er aber die erste Gabel
Kraut hervorlangte, dachte der Knecht an die Rede des
Ochsen und schlug dem Manne die Gabel sammt dem
Kraut und einem Bissen Fleisch aus der Hand, so daß
Alles unter den Tisch fiel. Man kann sich den Zorn
des Bauers denken, der aufsprang und rief: „Was ist
denn das? Hast denn gar keine Achtung vor Deinem Herrn
mehr?“ Da erzählte der Knecht den ganzen Hergang
und siehe da, der Haushund ist unter dem Tische auf

den Bissen losgefahren, fraß ihn auf und erstickte daran. Hier zeigte sich wohl das Eingreifen Gottes, welcher es so gefügt, daß der Knecht die Rede des Ochsen belauscht, verstanden und seinem Herrn das Leben gerettet hatte.

Ein Anderes: Ein Bauer zu Wartberg im Mürz= thale versteckte sich selbst in dem Stalle, um das Gespräch seiner Ochsen zu hören. Wirklich begann einer und sagte: „Ich komme im nächsten Jahre auf den Tisch und bleibe nicht am Leben," dabei brüllte er so wehmüthig, als eben ein Ochse nur brüllen kann. Ein Anderer sagte: „Mir wird's auch nicht gut gehen, ich werde über einen steinigen Abhang hinabstürzen." „Gibt's denn kein Mittel dafür?" fragte nun der erste Ochse. „Freilich," ent= gegnete der Andere, „eine Zwillingsähre (d. h. eine doppelte Aehre) hilft gegen Alles." Der Bauer war froh, zu wissen, was für das verunglückte und kranke Vieh gut ist und machte sich eilends davon. Er wäre auch um's Leben gekommen und von den Ochsen erstoßen worden, wenn diese ihn bemerkt hätten und würde dann seinen Vorwitz bitter gebüßt haben.

Recht lustig ist das Geschichtchen, welches dem Fritzen Jackel zu Wagendorf passirt ist. Das war ein großer Spitzbube, er ging gerade in der Christnacht Hasen stehlen und brachte richtig einige zusammen, die er nach Hause trug, indem er die Hinterläufe der Thiere fest zusammenband, die Hasen auf eine Stange steckte und diese Stange auf die Schulter nahm. Als er bei Wagendorf gegen die Straße zu kam und meinte, die Hasen seien todt, begann sich der hinten hängende zu regen und rief:

Der Fritzen Jackl hat mi g'schränkt, *)
Hat mi auf'n Stecken aufig'hängt.

Der Dieb entsetzte sich, warf beide Hasen weg und
eilte über Hals und Kopf nach Hause. Am nächsten Tage,
also am ersten Weihnachts = Feiertage ging er an den
Ort nachschauen, ob die Hasen noch daseien, aber es
war keiner mehr zu sehen. Von demselben Fritzen Jackl
erzählt man, daß er, der ein verwegener Wilddieb war,
die Kunst verstand, wenn er einem Jäger begegnete, sich
mit einer Zauberformel niederzusetzen, worauf er einem
Stocke, d. h. dem Stumpfe eines gefällten Baumes
gleich sah.

Daß man in der Christnacht auf allerlei Weise
die Zukunft erfahren kann, darüber wurde oben gehandelt.
Wer um Mitternacht den Kopf zum Fenster hinausstreckt,
jedoch verkehrt, so daß er aufwärts schaut, der sieht
alle Häuser des Dorfes und auf dem Giebel desjenigen,
in welchem im nächsten Jahre Jemand stirbt, eine Todten=
truhe. Ein Halterbub probirte dies einmal, aber, o weh;
er sah auf dem eigenen Hause, in welchem Niemand als
er allein wohnte, den verhängnißvollen Sarg. Darüber
wurde er trübsinnig und siech und bald hatte sich auch
das prophetische Zeichen an ihm erfüllt, er starb wirklich,
kaum daß noch der Frühling gekommen war.

Man kann auch in anderer Weise in der Christ=
nacht erfahren, was die Zukunft bringen wird, wie die
nachfolgende Geschichte lehrt. Im gräflich Batthyanyi'schen
Schlosse Burgau war zu Anfang dieses Jahrhundertes

*) D. h. die Beine kreuzweis übereinander gebunden, auch wohl mittels
eines Einschnittes durch den Fuß ineinander gesteckt.

ein Schaffer. Eine Reihe von Kriegsjahren war für die
Steiermark trüb genug vorübergezogen, denn man zählte
das Jahr 1808 und schon zweimal hatten die Franzosen
seit kaum zehn Jahren das Land als Feinde betreten
und hart bedrängt. Der Schaffer von Burgau hätte
nun gerne gewußt, was das nächste Jahr 1809 bringen
wird. Während der Christmette legte er sich daher auf
den Boden der Kirche nieder und legte das Ohr an den=
selben. Da vernahm er ein Trappen und Gehen und
Waffengeklirr, wie von einer großen Menge Soldaten.
Und als er sich darauf erkundigte, was dies zu be=
deuten habe, erklärten ihm Erfahrene, daß es wohl im
nächsten Jahre wieder Krieg geben und der Feind Steier=
mark gewiß wieder betreten werde. Wirklich kamen die
Franzosen im Jahre 1809 neuerlich als Feinde in's Land
einmarschirt und es gab großen Krieg und viel Blut=
vergießen.

In St. Georgen an der Stiefing erzählt man
Folgendes: Als Jesus Christus zur Welt kam, es ge=
schah dies ja mitten in der Nacht, da freuten sich alle
Thiere und verkündeten sich gegenseitig fröhlich in mensch=
licher Sprache seine Ankunft, die Geburt des Heilandes.
Es geschah dies folgendermassen:

Der Hahn schrie um Mitternacht plötzlich: „Christus
ist geboren!"

Der Hund fragte ihn: „Wo, wo? Wo, wo?"

Die Ziege antwortete: „Zu Bethlehem, zu Beth=
lehem."

Die Henne aber sagte; „Geht's nur glei hin, geht's
nur glei hin."

Zur Erinnerung daran sprechen dies und anderes die Thiere heute noch in der Christnacht zur Zeit der Mette. — Diese Legende ist der Nachweis dafür, daß sich die alten Anschauungen auch im christlichen Sinne und mit besonderem Bezug auf das für den Christen so freudige Ereigniß der Geburt des Heilandes erhalten haben.

Für den Landmann ist die Weihnachtszeit auch die Zeit besonderer Loostage, d. h. solcher Tage, nach denen die Witterung einer bestimmten folgenden Zeit bestimmt werden kann. Bekannt ist die auch außerhalb Steiermarks verbreitete Wetterregel: „Grüne Weihnachten, weiße Ostern, rothe Pfingsten," letzteren Ausdruck erklärt man mit großer eintretender Dürre. Der Bauern=Kalender verzeichnet aber auch den Spruch: „Geht in der heiligen Christnacht der Wind vom Aufgang der Sonne her, so bedeutet dies großen Viehsterb." Ferner gilt die Regel: „Wie das Wetter an den zwölf Tagen vor dem Christtag ist, so ist es durch's ganze Jahr. Jeder Tag bedeutet dabei einen Monat. Die sechs Tage nach dem Christtag aber „brechen" die Hälfte von den zwölf Tagen, so daß eigentlich nur die letzten sechs gelten und nur ein halber Tag für den Monat gilt, z. B. der 19. December Vormittags für den Jänner, Nachmittags für den Februar u. s. w." Auch diese althergebrachten Wetterregeln hängen mit den Anschauungen längstvergangener Jahrhunderte zusammen und bilden einen kleinen Beitrag zum Volks= glauben des steierischen Alpenvolkes, von dem der freund= liche Leser im Obigen eine Reihe von Proben erhalten hat.

Bauernspiele und Volkskomödien im Alpenlande.

Gewisse Bruchstücke alter Poesie, mitunter von ganz ansehnlichem Umfange, haben sich auf dem Boden der Alpenländer von Oesterreich bis heute erhalten. Dies wird Jedem klar, der eines oder das andere jener volks= thümlichen Lieder vernimmt, die leider von Tag zu Tag seltener werden und die insbesondere auf dem Gebiete religiöser Volksdichtung sich innerhalb des Bereiches dieser Länder noch vor wenigen Jahrzehnten häufig vorfanden, dies zeigen aber auch jene alten Volksschauspiele, welche in Kärnten, Ober= und Niederösterreich, in Salzburg und Steiermark, hauptsächlich aber in Tirol ebenfalls noch im 19. Jahrhundert durch Vertreter des Land= volkes selbst zur Darstellung gelangten, ja in den letzt= genannten zwei Ländern bis heute üblich sind. Tirol hat noch eigene Bauerntheater, dort und in dem angren= zenden Hochlande Baierns sind dramatische Aufführungen von denen bisher wenig genug bekannt geworden ist, gar nichts Seltenes.

Leider haben sich dabei Elemente eingeschlichen, welche immer mehr vom Althergebrachten ablenken und es beginnt sich auf den ländlichen Volksbühnen die Mode und Affectirtheit geltend zu machen, wodurch das wirklich Volksthümliche in den Hintergrund gedrängt wird und sogar Gefahr läuft, ganz der Vergessenheit an=

heimzufallen. Letzteres ist schon beinahe geschehen auf
dem Boden von Salzburg und Kärnten, auf dem Gebiete
der Erzherzogthümer Oesterreich und in dem Herzog=
thume Steiermark.

Diese Gattung dramatischer Volkspoesie und deren
Entwicklung, insbesondere aber die Spuren von deren
Bestehen auf dem Boden des Alpenlandes zu betrachten,
scheint daher eine nicht undankbare Aufgabe und dürfte
das Interesse des Lesers in Anspruch nehmen, der ge=
wiß nicht davor zurückschrecken wird, ein Stückchen
Literaturgeschichte mit in den Kauf zu bekommen. Es
ist nämlich nothwendig, zu dem genannten Behufe einige
Momente aus der Geschichte der Entwicklung unserer
dramatischen Geisteswerke vorzuführen, da gerade mit
den Stücken aus der älteren Zeit deutscher Dramatik
die erwähnte volksthümliche Schauspieldichtung so vieles
gemein hat.

Daß die Uranfänge des deutschen Theaters nicht
nur in den religiösen Gebräuchen wurzeln, ist eine lange
nicht mehr bestrittene Thatsache. Waren die verschiedenen
liturgischen rituellen Gebräuche der Kirche auch dazu
angethan, jene verschiedenen Oster=, Weihnachts= und
Passionsspiele zu begründen, welche zuerst in lateinischer
Sprache in der Kirche selbst, später aber in deutscher
Sprache außerhalb des Gotteshauses zur Aufführung
gelangten, so ist doch kein Zweifel, daß ganz unabhängig
hievon schon Spiele, Tänze und dergleichen Lustbarkeiten
von Alters her beim Volke üblich gewesen, und diese
den Grund zu den volksthümlichen profanen Schau=
spielen legten, die ja später unter dem Namen der Fast=

nachtsspiele so zahlreich vorkommen und häufig zur Auf=
führung gelangten.

Gerade auf süddeutschem Boden und zwar ins=
besondere in Nürnberg, dann aber auch in der Schweiz
finden wir die ersten Fastnachtsspiele von Bedeutung
und haben in dieser Beziehung Hans Rosenblüt und
Hans Folz als Dichter derselben sich einen hervorragenden
Namen gemacht. Allerdings kamen ähnliche Spiele auch
schon früher vor, abgesehen von den weltlichen Elementen,
welche in die geistlichen Weihnachts= und Passions=
spiele eindrangen und manchen Partien derselben sogar
einen possenhaften Charakter verliehen. Jenes Eisenacher
Spiel von den klugen und thörichten Jungfrauen, das
Schauspiel von Theophilus, die dramatisirte Geschichte
der heiligen Dorothea und ähnliche Stücke aus dem An=
fange des 14. und 15. Jahrhunderts haben sich sogar
theilweise erhalten und gestatten daher einen Einblick in
die Bewegung auf dem damaligen dramatischen Gebiete.
Wenn auch diese Spiele immerhin der Legende oder der
Bibel ihre Stoffe entnehmen, so kann man sie doch schon
deshalb den profanen Schauspielen beizählen, weil sie
nicht mehr in den Händen der Geistlichen waren, sondern
schon die Darsteller im eigentlichen Volke zu suchen sind.
Hier haben wir also die ersten Andeutungen volksthüm=
licher Stücke, welche von da an immer häufiger werden,
und bald bewegt sich das dramatische Leben Deutschlands
auch wirklich im Kreise des Volkes. Letzteres bemächtigt
sich selbst der eigentlichen geistlichen Aufführungen, die
öffentlich stattfinden, komische Scenen und Figuren werden
im ernsten Gange der Handlung hiebei eingeschoben,

wozu insbesondere die auftretenden Teufel vielfach passende Gestalten abgeben, es erscheinen Marktschreier, Soldaten, Handwerker, also aus dem Volke herausgegriffene Personen, und geben zu heiteren Scenen mannigfaltige Veranlassung. Insbesondere finden wir schon zu jener Zeit auf Jahrmärkten Bühnen aufgeschlagen und „landfahrende" Personen mögen schon damals als Schauspieler aufgetreten sein.

Freilich sind die Bühnen sehr einfach und erinnern dadurch an jene noch bestehenden Volksbühnen des Landvolkes, denen insbesondere die vorliegenden Zeilen gewidmet sind. Sogenannte Zwischenspiele heiterer Natur wurden dem ernsten Gange der Handlung aus der heiligen Geschichte ebenfalls schon eingeschoben, es hat sich auch in dieser Richtung, wie wir sehen werden, bis heute im Volke selbst Manches erhalten.

So vermischte sich der geistliche und der weltliche Charakter der dramatischen Darstellungen, welche im 16. Jahrhundert ganz allgemein sind. Darauf hatte insbesondere die bewunderungswürdig reiche Thätigkeit des Hans Sachs, also wieder eines Nürnbergers, großen Einfluß ausgeübt; Hans Sachs nahm die Stoffe zu seinen Fastnachtsspielen, welcher Name nun ein feststehender ist und von der zur Fastnachtzeit üblichen Aufführung herrührt, aus der Profangeschichte, aus der Mythologie, wie aus den alten Volksüberlieferungen in Märchen und Sage, so gut wie er auch biblische und andere religiöse Stoffe bearbeitete. Einige der heutigen volksthümlichen Spiele in Süddeutschland und Oesterreich zeigen Verwandtschaft mit Stücken von Hans Sachs und insbeson-

dere finden sich überraschender Weise oft ganze Theile
aus seinen Fastnachtsspielen in den bäuerlichen Komödien
der deutschen Alpenländer noch vor oder lassen den Ein=
fluß bestimmter Stellen daraus in Sprache, Rhythmus,
Reim ꝛc. erkennen. In ähnlicher Weise, jedoch nicht so
auffallend, macht sich der Einfluß von Hans Sachs'
Zeitgenossen Jakob Ayrer auf diese Spiele geltend, der
ja auf dramatischem Gebiete wieder sehr thätig war.
Nach den sich an Ayrer's Dramen in der Zeitfolge bei=
nahe anschließenden so rasch beliebt gewordenen englischen
Komödien, deren Verfasser meist unbekannt blieben, und
die wirklich, wie ihr Name andeutet, von England her
in Deutschland eingeführt worden sind, erschienen als
ein trauriges Product deutscher Dramatik die „Haupt=
und Staatsactionen" und mit ihnen bildete sich, schon
von den englischen Komödien herübergenommen, die Figur
des Hanswurst aus, der eine lange Reihe von Jahr=
zehnten die deutsche und insbesondere die deutsch-öster=
reichische Bühne beherrschte, von Stranitzki zu der Figur
des Salzburger Bauers ausgebildet, das Publikum in
Wien und in der Provinz entzückte und erst mit
dem Ende des 18. Jahrhunderts in Wien insbesondere
durch den Einfluß eines Sonnenfels von dem reorgani=
sirten Theater verdrängt wurde. Das Volksschauspiel,
welches wir hier im Auge haben, läßt alle diese Phasen
des Kunstschauspieles in einzelnen seiner Stücke deutlich
erkennen und insbesondere ist der Hanswurst nie daraus
verschwunden, so wenig wie er aus der Puppenkomödie
hat verdrängt werden können. Dieser Hanswurst zählt
zu den echt volksthümlichen Figuren und ist wohl durch

seine drollige, freilich oft auch derbe Komik nach und
nach der Liebling der Zuschauer geworden, wodurch er sich
dann auch in den aus dem Volke selbst hervorgegangenen
Schauspielen einbürgerte und fortwährend Anklang fand.

Noch muß bemerkt werden, daß die im 17.
Jahrhundert besonders ausgebildet gewesenen gelehrten
Schauspiele und die verschiedenen Schulkomödien, welche
in allen Lehranstalten in Städten des südlichen Deutsch=
lands zumeist unter der Leitung der Jesuiten, in deren
Händen sich die Anstalten befanden, häufig stattfanden,
keinen besonderen Einfluß auf das volksthümliche Schau=
spiel zeigen und somit deutlich ihre Unfähigkeit, sich die
Theilnahme des einfachen Mannes zu erringen, nachweisen.

Nach diesen skizzirten Andeutungen über den Ein=
fluß des deutschen Theaters in seinem Entwicklungsgange
auf das Volksschauspiel, wie es heute üblich ist und
wie es insbesondere in Oesterreichs Alpenländern vor=
kommt, wollen wir uns diesem selbst zu wenden. Es
soll zu diesem Behufe dem Leser eine Zahl von Spielen
angedeutet werden, wie sie noch vor wenigen Jahrzehnten
hauptsächlich in den deutschen Ländern Innerösterreichs
und insbesondere in Steiermark zur Darstellung ge=
langten und noch immer gelangen, wenn man auch
leider behaupten muß, daß diese Volksbühne ihren
gänzlichen Untergang schon beinahe erreicht hat; die=
selben Stücke, welcher hier Erwähnung geschehen soll,
sind übrigens zum großen Theil auch in Ober= und
Niederösterreich und selbst in Salzburg gekannt, und von
den Bühnen dieser Gattung in den genannten Ländern gilt
überhaupt ganz das Nämliche, da sich das Volk in den=

6*

selben unter denselben Verhältnissen entwickelt hat, und
denselben Einflüssen auf Geist und Körper ausgesetzt ist,
wie die Bewohner Innerösterreichs, das heißt Steier=
marks und Kärntens, denn Krain kann seiner über=
wiegend slavischen Bevölkerung wegen hier wohl nicht
in Betracht kommen.

Vor Allem sei die Aufmerksamkeit auf die Gattungen
der Spiele gelenkt, welche wir unterscheiden können, und
sind hierbei zwei Hauptgattungen ins Auge zu fassen:
die geistlichen und die weltlichen Stücke. Unter den
letzteren finden sich allerdings auch solche, welche etwa
eine Gestalt aus der katholischen Legende als Haupt=
person hervortreten lassen, sie haben aber im Uebrigen
einen nichts weniger als geistlichen Charakter. Die eigent=
lichen geistlichen Spiele werden auch nur zu bestimmten
Zeiten des Kirchenjahres, und zwar fast ausschließlich
von den Angehörigen irgend eines Dorfes, einer Ge=
meinde aufgeführt, jedenfalls sind sie die ältesten Producte
dramatischer Dichtung, welche sich im Volke erhalten haben,
und sie hauptsächlich weisen die Aehnlichkeit mit den
alten dramatischen Spielen und die Verwandtschaft mit
den Darstellungen des 15. und 16. Jahrhunderts auf;
insbesondere gehören zu ihnen die Weihnachts= und Drei=
königsspiele, das Leiden Christi und die Osterspiele.

Ueber die „Weihnachtsspiele" hat Weinhold's be=
kanntes treffliches Werk („Weihnachtslieder und Spiele
aus Süddeutschland und Schlesien" Graz 1853) zum
erstenmale treffliche Aufklärung verschafft; der Salzburger
und mehrerer Tiroler geistlicher Komödien gedenkt Hart=
mann in seiner reichhaltigen Sammlung „Volksschau=

spiele" (Leipzig 1880), Kärnten ist durch die Dreikönigsspiele, die Lexer in seinem „Kärntner Wörterbuch" mit-
theilt, vertreten und Pailler hat eine reiche Sammlung
aus Oberösterreich und Tirol geboten. Diese eigentlichen
geistlichen Schauspiele sind diesmal jedoch nicht in das
Bereich der Betrachtung zu ziehen, zumal einem charakteristischen derselben in einem vorhergehenden Aufsatze
Aufmerksamkeit geschenkt wurde.

Die meist auf dem profanen Gebiete sich bewe-
genden Stücke könnte man wieder in die Spiele einfachster
Gattung eintheilen, welche nur in gewissen ohne große
Vorbereitung aufgeführten Tänzen bestehen, während
welcher an die einzelnen Tänzer vertheilte Sprüche von
diesen hergesagt werden, wie dies insbesondere beim
Schwerttanz und bei dem früher behandelten Reiftanz
der Fall ist; dann in die kleineren possenartigen Zwischen-
oder Nachspiele, welche den Fastnachtsspielen des späteren
Mittelalters ganz zu vergleichen sind; und endlich in
die eigentlichen umfangreicheren dramatischen Producte,
wie etwa der verlorene Sohn, der egyptische Josef, die
Genovefa, das Barbaraspiel, das Spiel vom heiligen
Johannes von Nepomuk, Hirlanda u. a. m. Noch kommen
hiezu vereinzelte kleine alte Komödien, die wohl etwas
ausgeprägten geistlichen Charakter tragen, aber doch auch
nicht zur eigentlichen oberwähnten geistlichen Gruppe gerechnet werden können, wie z. B. das Seite 61 ff. be-
sprochene St. Nicolausspiel.

Aus den angegebenen Titeln der hauptsächlichsten
vorkommenden größeren Stücke ersieht man, daß die
Quellen dieser dramatischen Producte aus der Bibel,

aus der Heiligengeschichte und aus der deutschen Volkssage geschöpft sind; dazu kommen noch historische Stoffe,
welche ebenfalls bearbeitet wurden und ich erinnere mich
noch an derartige Stücke: „Nebucadnesar" und „Julius
Cäsar", die mir leider nicht vorliegen, die ich aber von
einer Volksbühne herrührend, in alter Aufzeichnung etwa
aus dem Anfange des vorigen Jahrhunderts zu Gesichte bekommen habe, und in denen der Hanswurst,
so gut wie in den meisten der oben erwähnten Stücke
seine Rolle zur Erheiterung des Publikums spielte.

Die Verfasser dieser Komödien sind zumeist nicht
bekannt, irgend ein seit langer Zeit dahingeschiedener
Küster oder Schulmeister kann vielleicht bei manchen als
Autor angenommen werden, die meisten reichen aber zu
weit zurück und bieten zu wenig Anhaltspunkte, als daß
überhaupt ein Schluß auf ihren Verfasser möglich wäre.
Die übliche Darstellungsweise ist so einfach als möglich,
und begnügen sich die Spielenden nicht selten mit einer
Scheune, in deren Innern die kleine Bühne aufgeschlagen
ist, vor welcher ein paar Spielleute und das Dorf-
publikum sich befinden. Aber auch unter den Darstellern
muß man diejenigen aus dem Orte selbst von herum-
ziehenden Komödianten unterscheiden. Letztere sind schon
sehr selten geworden, die Aufführungen durch Gemeinde-
mitglieder haben für diese wegen der Proben, Zusam-
menkünfte dabei 2c. noch manchen Reiz und erhielten
bei ihnen daher auch lange die Lust am Spiele. Allerdings haben wir seit den letzten dreißig Jahren auch
von diesen angedeuteten Zuständen nur mehr Spuren.
Wandernde Truppen zeigen sich allenfalls noch auf Dorf-

jahrmärkten, Volks= und Kirchweihfesten und bei ähn=
lichen Veranlassungen. In welcher Art eine solche Komödie
angezeigt wird, weise der nachstehende, genau nach dem
Original wiedergegebene Volkstheaterzettel, welcher aus
den Vierziger=Jahren herrührt.

„Leben, Thaten, Sündenfall und Buß' des Schnei=
ders Fitzefitz. Eine schöne auferbauliche und rührende
Komödie, wobei der Casperl allerlei Gspasettel, Schwänk
und Narretheien auch Schnax'n und Faggs'n vorbringen
wird. Mitspielen thun folgende Personen, welche wir
Komödianten vorstellen und spielen thun, als das sind:
1. Der leichtsinnige und verliebte Schneidermeister Fitzefitz
von Angsterdam. 2. Casperl, sein Lehrbub, ein feiner
und lächerlicher Schlingel. 3. Der heilige Schutzengel.
4. Hieronymus, ein lustiger Bruder. 5. Habagugg, ein
Spieler. 6 Zacharias, ein Saufer. 7. Hallodes, ein
Dieb. 8. Flaschlmann, ein nichtsnutziger Wirth, so be=
trügt und lügt. 9. Everl, die Kellnerin, auch nit weit
her. 10. Rösel, ein unschuldiges und schönes Frauen=
zimmer. 11. Eine Person, so die Sünd vorstellt. 12. Der
Tod. 13. Der böse Feind Buriel. — So wird von
diesen Personen eine recht löbliche Komödie gespielt und
dargestellt werden: Fürs erste: des Schneiders Streich
und Thaten; andertens: sein wüstes Leben, drittens:
seine Buß und Umkehr. — Wir bitten um eine gedul=
dige Nachsicht und Beherzigung, daß mir nur gemeine
unstudirte Leute sind und daß uns das Einlernen viel
Zeit und Mühe gekostet hat.“

Schon dieser Theaterzettel zeigt seine auffallende
Aehnlichkeit mit den Zetteln aus der Mitte des vorigen

Jahrhunderts und aus dem Anfange desselben, als die Hanswurstkomödie in Oesterreich die vollste Aufmerksamkeit erregte und Hoch und Nieder ergötzte. Bis auf einzelne Absätze stimmt der Entwurf dieser Theateranzeige mit jenen Hanswurstkomödienzetteln, und obgleich der Inhalt dieser „löblichen" Komödie mir nicht bekannt geworden, ersieht man doch aus den Andeutungen hier und im Personenverzeichnisse, daß die Handlung sich auf dem erwähnten Gebiete bewegt. Man ersieht daraus zugleich das beiläufige Alter des Stückes.

Daß bei derartigen Aufführungen kein großer Aufwand an Decorationen vor kommt, läßt sich leicht denken. Auch hierin erinnern diese Darstellungen an die älteste Zeit, in der es freilich z. B. bei der Aufführung der Susanna von Birk in Basel 1544 vorkam, daß die Bühne der Naturwahrheit wegen auf dem Marktbrunnen errichtet war und Susanna sich in einem zinnernen Kasten wusch. Versatzstücke gibt es fast gar keine, die Decoration eines Zimmers sind häufig weiße Leinenwände. Der Vorhang wird wie ein einfacher Fenstervorhang aufgerollt oder theilt sich wohl gar in der Mitte. Lebhaft an die alten Fastnachtsspiele erinnert das häufige Auftreten eines Prologus, der sich in den ältesten jener Spiele als „Precursor" vorfindet und entweder eine Person des Stückes selbst oder eine eigens hiefür bestimmte Gestalt ist, die zuvörderst die Anwesenden begrüßt. Dieser „Precursor" (Ausrufer) erscheint in vielen Spielen des 15. und 16. Jahrhundertes und hatte damals wirklich, wie der Name andeutet, das Spiel auszurufen, d. h. die Voranzeige von der Darstellung dem Volke zu machen.

Betrachten wir nun nach Form und Inhalt einige
der beliebtesten Stücke, die in Steiermark verbreitet
erscheinen. Allerdings gehören die Spiele, deren Texte zu
erlangen möglich gewesen, schon der späteren Zeit an
und dürften kaum früher als im 18. Jahrhundert
entstanden sein, trotzdem werden sie ein Licht auf das
Repertoire dieser Volksbühne werfen, wenn man von
einem solchen sprechen kann.

Die Gestalt des Hanswurstes kommt beinahe in
Allen vor, deren eigentlicher Inhalt ein ernster ist,
und unterbricht die ernsten Scenen durch heiteres Ge-
schwätz und durch allerlei Possen in Rede und That.
Der Hanswurst (Casperl) spricht hiebei stets im Dialect
und sucht sich hierdurch noch drastischer geltend zu
machen.

Außerordentlich bekannt im ganzen Alpenlande ist
die dramatisirte Geschichte des Volksbuches von der
„Genovefa", welche ja in ganz Deutschland als Volks-
und Puppenspiel vorkommt. Es dürfte wohl keine Volksbühne auf diesem Gebiete geben, die nicht schon dieses
Spiel zur Aufführung gebracht hätte. Der wirklich dramatische Stoff, die sich aus der verbrecherischen Zuneigung
Golo's zu seiner Herrin ergebenden Conflicte, der Reiz
der Romantik, welcher auf dem Ganzen ruht und der
durch den Aufenthalt der unschuldigen Fürstin, durch die
säugende Hirschkuh und ähnliche Umstände, endlich durch
ihr Auffinden noch erhöht wird, fesselt Zuschauer und
Zuhörer immer von Neuem, wie ja auch schon die
Dramatik des Stoffes mehrere Dichter der jüngeren Zeit
zur neuerlichen dramatischen Bearbeitung veranlaßt hat.

so Maler Müller in dem Schauspiele „Golo und Genovefa", Tieck in seinem Trauerspiele „Genovefa", Raupach in dem gleichnamigen Trauerspiele (Hamburg 1834) und Friedrich Hebbel in seiner 1843 erschienenen ebenfalls „Genovefa" benannten Tragödie. Der Stoff wurde sogar zu Opern verwendet, so in Schumann's „Genovefa", welche 1850 zuerst in Leipzig aufgeführt wurde, außerdem von Huth, Pedrotti, Scholz u. A. m. — Das Volksschauspiel von der „Genovefa" ist einfach in der Diction, aber die dramatischen Züge sind kräftig hervorgehoben. Eine mir vorliegende Aufzeichnung nennt sich „erneuert und verbessert im Jahre 1821"; die Er= neuerungen bestehen aber jedenfalls nur in unwesent= lichen Zusätzen. Der Hanswurst tritt schon zu Anfang in einer Scene mit Golo auf; er führt sich mit einer kurzen Rede ein: „Mei Herr, der Stuhlfried oder wie er heißt, will mit Solten in Krieg ziehen und nit mit Krüg handeln, aber wann i a so a sauberes Weiberl hätt', i blieb z'Haus bei ihr und ließ die Solten allein brav fechten im Feld und schaut ihnen durch a kleines Fensterl von Weitem zu, und weil mein Herr sei Wei, die Beverl, hat hinterlassen, so thut sie sich schier z'todt abizana vor lauter Leid. I wir müssen einigehn zu ihr und ihr eine Unterhaltung machen." Schon in der Scene mit Golo gibt der Hanswurst Schnurren, Wortwitze und Verdrehungen zum Besten, die allerdings nicht sehr fein, aber ganz im Charakter dieser Gestalt des Volkstheaters gehalten sind, den Haushofmeister nennt er stets „Hosen= meister", die Pfalzgräfin „Schmalzgräfin" und verspricht gegen ein gutes Trinkgeld, den schlimmen Gesellen in

seinen Anschlägen auf Genovefa zu unterstützen, übrigens
benimmt er sich stets einfältig und ist im Ganzen keines=
wegs böswillig; selbst zum Schluß, da Genovefa im
Walde zu bleiben erklärt und Siegfried ebenfalls als
Eremit im Walde bleiben will, singt der Hanswurst noch
ein lustiges Lied. Die ganze Fabel des Spieles ist ohnehin
bekannt, da sie sich an das Volksbuch anlehnt und nur
durch die Einschiebung der komischen Figur hievon ab=
weicht. Das Stück ist in zehn Auftritte abgetheilt.

Gewissermaßen ein Seitenstück hiezu bildet das
ebenfalls für die Bauernbühne bearbeitete Volksbuch von
„Hirlanda“, der Herzogin von Britannien. Dasselbe ist
in Steiermark und Kärnten verbreitet, trotzdem aber
weniger bekannt als „Genovefa“. Ein Theatermanuscript,
geschrieben im Jahre 1839, trägt noch alle Spuren des
Gebrauches an sich. Dasselbe stammt aus Eisenerz, wo
noch vor dreißig Jahren „Hirlanda“ öfter zur Aufführung
gelangte. Auch hier ist ein Bösewicht, Gerhart, der Bruder
des Fürsten Artus, in den Vordergrund gestellt und
vertritt das Laster und das böse Princip, während uns
in der frommen gottergebenen Herzogin Hirlanda die
Tugend vorgeführt wird. Hirlanda, deren Gatte, der
Fürst Artus, ins Feld zieht, bringt ein Knäblein zur
Welt, welchem jedoch Gerhard nachstellt, da ein Jude
dem am Aussatze leidenden Könige mitgetheilt, das Blut
eines neugeborenen Kindes vom fürstlichem Geblüt könne
ihm allein helfen. Gerhard will aus Eigennutz den König
heilen und sich des Kindes bemächtigen, ein Engel schützt
es aber und es wird vom Abt des Klosters St. Malo
auferzogen. Hirlanda verläßt in inzwischen aus Angst

vor dem Gatten, da ihm berichtet wurde, sie habe ein unmenschliches Wesen geboren, das Schloß und hat sich als Viehmagd auf einem adeligen Schlosse verdingt, wo sie nach sieben Jahren von dem Herzog Olive aus dem Gefolge des Artus entdeckt und zur großen Freude des Letzteren heimgebracht wird. Die Schändlichkeit Gerhard's wird nun offenbar, doch weiß er sich wieder bei Artus einzuschmeicheln, verleumdet die Herzogin, welche eine Tochter zur Welt bringt, wieder und diese wird sogar, da sich in Artus der von Gerhard genährte Gedanke, sie habe ein anderes Liebesverhältniß gehabt, festsetzt, zum Scheiterhaufen verurtheilt und soll verbrannt werden, falls sich nicht ein Kämpfer findet, der ihren Ankläger, einem von Gerhard hiezu bestochenen Ritter besiegt. Es erscheint jedoch ein junger Ritter, welcher diesen Ankläger wirklich überwindet, ihn zur Entdeckung der ganz falschen Angaben zwingt und sich schließlich als der Sohn des Herzogs Artus und der frommen Hirlanda, den der Abt von St. Malo gerettet hat, zu erkennen gibt. Gerhard wird durch Abhauen der Hände und Füße bestraft. Artus und Hirlanda aber leben fortan glücklich und zufrieden. Diese Handlung wird ohne besondere Zuthat einfach und klar in dem Spiele durchgeführt, eine komische Figur erscheint nicht eingeschoben, vielleicht deutet dieser Umstand auf die Abfassungszeit zu Ende des vorigen Jahrhunderts, zu welcher Zeit, in Oesterreich insbesondere durch den Einfluß eines Sonnenfels auf die Wiener Bühne, der Hanswurst schon von der Bühne verdrängt war.

Ein höheres Alter weist das „Barbaraspiel" auf, das noch im Jahre 1863 in Obersteiermark und in

Kärnten und Oberösterreich früher öfter aufgeführt wurde. Das Barbaraspiel entnimmt seine Fabel der bekannten Legende von der heiligen Barbara, welche im katholischen Lande auch als Beschützerin der Bergleute gilt, die ihr zu Ehren an ihrem Namenstage (4. December) in den Bergwerksorten der genannten drei Länder Festlichkeiten veranstalten. Aus diesem Grunde erfreut sich das drama= tische Spiel von St. Barbara auch daselbst besonderer Beliebtheit. Barbara ist die Tochter des Christenfeindes Dioskorus zu Nicomedien; um die Tochter in seinem Sinne zu erziehen, läßt dieser einen Thurm errichten und sie hineinsperren. Trotzdem gelang es ihr, Kunde vom christlichen Glauben zu erhalten und ihn sogar an= zunehmen; dem Vater, welcher sie verheiraten wollte, setzte sie kräftigen Widerstand entgegen und da sie sich in dem Thurme drei Fenster machen ließ, um das Zeichen der Dreieinigkeit stets vor Augen zu haben und ein Kreuz an der Wand anbrachte, ihrem Vater auch den Sinn dieser Vorrichtungen, sowie ihren Abscheu gegen die heimischen Götter erklärte, verfolgte sie Dioskorus wüthend und überlieferte sie dem Richter Marcian, der weder in Güte noch in Strenge etwas bei der stand= haften Jungfrau ausrichtete, vielmehr trat sogar ihre „Hofmeisterin“ Juliana zum Christenthum über. Barbara blieb auch fernerhin standhaft beim Christenthum, mußte die größten Martern erdulden und wurde schließlich vom eigenen Vater enthauptet. Dies die Erzählung der Legende, von welcher das Schauspiel insoferne abweicht als zum Schluß nicht der eigene Vater, sondern ein „Scharfrichter“ die Enthauptung vornimmt. Fromme

Gesänge sind dem Spiele eingefügt, mit denen es Barbara eröffnet und als Heilige „in der Glorie" beschließt. Der Hanswurst fehlt keineswegs. Er tritt als Vertrauter des Hauses auf und seine hauptsächlichsten Späße beziehen sich auf drei Freier: Pothinus, Philon und Vicander, welche sich um seine Intervention und Fürsprache zur Erlangung Barbara's als Gattin bewerben; seine Habgier gibt zu verschiedenen Scherzen Veranlassung, indem er von jedem der Freier ein gutes „Trinkgeld" fordert, sie aber zuletzt dennoch foppt. Als Probe ein Theil des Gespräches zwischen dem Hanswurst und dem Freier Philon.

„Philon: Mein Compliment als gehorsamster Diener, Ew. Excellenz, ich ersuche Euch durch Euer vielvermögendes Vorwort bei der ausbündig schönen Tochter Dioskorus mich als einen demüthigen und getreuesten Verehrer ihrer unsterblichen Schönheit an- und aufnehmen zu wollen. Die gegen sie tragende Hochachtung verstattet mir nicht, noch mehreres zu sagen.

Hanswurst: Is auch nit vonnöthen; i weiß schon was D'sagen willst, aber laß! Umsonst kann ich Dir keinen weiteren Narren abgeben. Was spendirst denn?

Philon: Hanswurst, Du weißt, daß ich . . .

Hanswurst: Nix da! Du hast mich im Anfang ein Herrn Excellenzen geheißen, kannst es schon noch thun, denn in mein Titel bin ich heiklich, besonders, wenn ich allein bin.

Philon: Mein Herr Hanswurst, Ihr wisset, daß, wenn ich einmal anfange, ich kein Ende mache mit dem Beschenken.

Hanswurst: Aber keinen Anfang kannst auch nit
machen."

Ein anderer Freier, Pothinus, verspricht dem Hans=
wurst „ein Paar schöne seidene Strümpfe mit silbernen
Zwickeln zu verehren" und einen „schönen rothen Pelz"
und über die Bedenken, daß die Strümpfe leicht durch=
löchert werden und den Pelz die Motten verderben könnten,
meint der Hanswurst: „Ist wohl wahr, wißt ös was?
Gebt's ös mir lieber das Geld, das wird net lukat und
fressen können's die Schaben auch nit." In dieser Art
sind die Scherze des Hanswurstes eingefügt, der im
weiteren ernsteren Theile des Stückes nicht mehr vor=
kommt. Ganz im Sinne der alten Spiele eröffnet ein
„Prologus" die Zahl der 17 Auftritte des Stückes.

Lange beliebt und heute noch aufgeführt ist das
allerdings auch kaum hundert Jahre alte Volksstück vom
„bayrischen Hiesel", welches sich wie in der eigentlichen
bayrischen Heimat Hiesels, wo es jedenfalls entstanden ist,
so auch in den österreichischen Alpenländern erhalten hat.
Hiesel ist bekanntlich der Wildschütze Mathias Kloster=
meier, der 1771 zu Dillingen hingerichtet wurde, und
seiner tollkühnen Thaten wegen zu einer Art Helden
erhoben, auch mit mannigfaltigen sagenhaften Zügen
ausgestattet in der Volkssage eine Rolle spielt. In die
Reihe der eigentlichen Volksbücher hat die Gestalt des
Hiesel ebenfalls Eingang gefunden. Das Volksbuch be=
richtet, daß Hiesel von ehrbaren armen Eltern abstammte,
zuerst Jäger gewesen und dann auf die Bahn des Wild=
schützen und Räubers gelockt, auch bald der Schrecken
der ganzen Gegend wurde, in einer verborgenen Höhle

im Walde mit seinen Genossen lebte, jedoch nur Jäger,
Amtleute und andere Personen, welche ihn angriffen oder
ihm übel gesinnt waren, zum Gegenstand seiner Ver=
folgung machte, auf diese Weise aber viele Soldaten und
andere Angreifer tödtete. Zuletzt wurde er von einem
Officier mit 200 Mann verfolgt und in dem Dorfe
Osterzell in einer Scheune gefangen genommen. Ein
großer Hund und ein junger Bursche waren seine steten
Begleiter.

Das Spiel vom „bayrischen Hiesel" schildert einige
Züge aus dem Leben des berüchtigten Räubers, dessen
kühne Gestalt dabei in den Vordergrund tritt. Hiesel
erscheint im Kreise seiner Gesellen, sein kühnes Auftreten
sein unerschrockenes Benehmen, die Verfolgungen durch
das Militär, sowie die endliche Ergreifung des Räubers
sind es die in dem Stücke, welches in fünf Aufzüge getheilt
ist, dargestellt werden. Dem Casperl (Hanswurst) ist hier
eine größere Rolle zugewiesen, er erscheint als ein wie
gewöhnlich einfältiger Bursche, welchen Hiesel in seine
Bande aufnimmt, nachdem dieser ihn mit einer Mausfalle
im Walde getroffen, in welcher er den „bayrischen Hiesel"
fangen will. Man ersieht aus den Schwänken und Possen
des Hanswurstes, daß auch dieses Spiel zu einer Zeit
entstanden ist, da die Hanswurstkomödie noch im Schwange
war und man im volksthümlichen Schauspiele durchaus
nicht diese zur Erheiterung des Publikums bestimmte
Gestalt vermissen wollte. Sie fehlt daher auch selten in
einem Aufzuge, und obgleich, eigentlich die Fabel des
Ganzen eine ernste ist, gewinnt doch das Spiel einen
besonders derb possenhaften Charakter durch die fort=

währenden Wortverdrehungen, albernen Bemerkungen,
mißverstandenen Reden u. dgl. von Seiten des Casperl,
der beispielsweise, nachdem ihm Hiesel ein Gewehr ge=
geben und bemerkt hat: „Das ist eine Büchs," frägt;
„Is a Schnupftabak a drinna?" oder beim Verhör vor
dem Bannrichter auf die Frage: „Wer ist Dein Groß=
vater gewesen?" antwortet: „Mein Roßvater ist ein
Braun gewesen;" und nach dem Befehl des Bannrichters:
„Führt ihn in den Arrest!" jammernd ausruft: „O
weh, jetzt werd' ich abgeröst" u. dgl. Hiesel gibt ihm
den Namen „Hans steig' in Sack." Da Hiesel und
Casperl ergriffen werden, meint der Letztere jetzt wird's
heißen: „Hans steig' am Galgen." In dieser Art wirkt
die komische Figur ununterbrochen auf die Lachlust der Zu=
schauer. Von einem gewissen culturhistorischen Interesse
sind die Scenen, in denen der Hiesel sich übernatürlicher
Mittel bedient, um seine Angreifer unschädlich zu machen,
wie ihm deren die Volkssage andichtet und die mit dem
noch heute geltenden Volksaberglauben im Jägerstande
übereinstimmen. Mehrere Jägerlieder und die Scenerie
des Ganzen endlich lassen dieses „Hieselspiel" als eine
Schilderung des Wildschützen= und Jägerlebens in den
Alpen und die Vorliebe des Alpenbewohners für das=
selbe sehr begreiflich erscheinen.

Die kurzen Nach= und Zwischenspiele der bäuer=
lichen Volkskomödie werden schon sehr selten, gerade sie
erinnern aber sowohl im Umfange wie in der Anlage
zumeist an die alten Fastnachtsspiele. Einfache Handlung,
knapper Dialog und recht aus dem Leben gegriffene
Gestalten bezeichnen dieselben. Als Beispiel sei ein der=

artiges Spiel: „Der Bauer und sein Weib", das vor
mehreren Jahrzehnten in Eisenerz aufgeführt wurde, kurz
in Betracht gezogen. Es enthält nur vier Personen: den
Bauer, dessen Weib, den Schneider und den „Wälischen",
nämlich einen Hausirer, welcher aus Italien kommt. Die
Sage schreibt den Wälschen die Kenntniß verschiedenen
Zaubers zu und so zeigt auch der Wälsche dieses Spieles
dem Bauer, welcher, von seinem Weib aufgefordert, sich
auf eine Wallfahrt begibt, in einem Zauberspiegel, wie
das Weib inzwischen zu Hause mit dem Schneider eine
Zusammenkunft hat und sich bei Speise und Trank
erlustigt. Der Hausirer versteckt den Bauer sodann in
seine „Kraxen", in den Tragkorb auf dem Rücken, und
kommt so in die Wohnung des Bauers, wo sie den
Schneider und das Weib wirklich antreffen, die lustig
und guter Dinge sind, wobei sie auch singen, und zwar
die Bäuerin:

> „I hab' mein Mann heut' ausgesandt
> In d' Pigaskirchen ins wälsche Land".

worauf der Schneider einfällt:

> „Und i wollt wohl wünschen und wann's halt war,
> Daß er nit kam drei ganze Jahr!

Auch der „Wälische" singt über Aufforderung und
zwar:

> „Enker Bauer, o Höllenbrand,
> Sitzt in der Kraxen dort an der Wand!"

Die Beiden glauben es natürlich nicht, daß dies
wahr ist, da aber der „Wälische" erklärt, auch seine
„Kraxen" könne singen, wird dem Bauer die Sache zu

toll, er springt hervor und prügelt den Schneider und sein Weib zur Thür hinaus. Das Spiel ist in Prosa abgefaßt, mit Ausnahme der oben citirten, für den Gesang bestimmten Verse und einiger gereimter Schluß= zeilen. Es dürfte aus Kärnten stammen, da die Berührung dieses Landes mit dem angrenzenden Italien das Auf= treten des Wälschen dann ganz leicht erklärlich macht; auch die Beziehung auf die „Pigaskirchen im wälschen Land", wohin der Bauer wallfahrten geht, scheint auf einen Kärntner Verfasser des Spieles hinzudeuten.

Die angeführten und besprochenen Volksspiele dürften genügen, um den Charakter dieser dramatischen Gattung zu charakterisiren. Allerdings kommen auch andere Stücke, insbesondere Ritterschauspiele vor, dieselben sind jedoch seltener als in Tirol, und bieten auch bei Weitem nicht das Interesse dar, wie die besprochenen von derbem, aber nicht ungesundem Geschmacke zeugenden Spiele, welche die eigentliche Anschauungsweise des Volkes in so verschiedenen Richtungen zu bezeichnen im Stande sind. Was das Gebiet anbelangt, in welchem die ge= nannten und angedeuteten Schauspiele zur Aufführung gelangten und noch vereinzelt gelangen, so reicht dieses in westlicher Richtung weit über die Grenze des eigent= lichen Oesterreich hinaus, und in dem bairischen Theile des Alpenzuges, sowie im Gebiete des Inn, der Isar und des Lech sind diese Volkskomödien ebenso beliebt, wie in dem steirischen Oberlande, wo sie noch hier und da aufgeführt werden. Ueberall können die Zuschauer das Stück mit gleicher Rührung und Ergötzung sechs bis siebenmal nacheinander sehen.

7*

Leider ist auch diese Gattung volksthümlicher Dramatik immer mehr im Aussterben begriffen und heute schon ist es schwer, einer wirklichen Vorstellung beiwohnen oder die Texte der Stücke erhalten zu können. Mögen daher diese Zeilen die Aufmerksamkeit darauf lenken und vielleicht noch die Rettung des Einen oder Anderen davon veranlassen.

Das obersteirische Reiftanzspiel.

Wie ein Klang aus uralten Zeiten hat sich in gewissen Gegenden Obersteiermarks, insbesondere im Thale der Enns und in jenen Theilen des Landes, welche an Salzburg grenzen, das alte Reiftanzspiel als Volks= belustigung erhalten und wird heute noch bei besonderen Gelegenheiten aufgeführt. Es erinnert in seinem Gang und in seiner Anordnung einerseis an den auch noch hier und da üblichen Schwerttanz, über den an einer anderen Stelle Ausführlicheres von mir berichtet wurde*), andererseits an die alten Fastnachtsspiele des fünfzehnten Jahrhunderts.

Dramatische Darstellungen gab es auf dem Boden der deutschen Länder vor langer Zeit, wir sehen schon in dem Tanze, welchen bei den alten Germanen in der grauen Vorzeit nackte Jünglinge mit Schwertern anstellten, eine Art dramatischer Production und können

---

*) „Der Schwerttanz in Obersteiermark," in „Oesterreichische Cultur- und Literaturbilder" von Dr. Anton Schlossar. Wien 1879.

vielleicht die Uranfänge unserer theatralischen Vorstellungen von jener Urzeit herleiten.

Der Reiftanz als Tanzübung selbst kam zuerst bei den germanischen Völkern des europäischen Nordens vor. Später findet sich eine Gattung von Reiftanz in den süddeutschen Städten, und zwar sind es die Böttcher= gesellen, welche denselben öfter zur Darstellung bringen. Dieselben pflegten diesen Tanz sehr künstlich zu veran= stalten, es kamen Verschlingungen der Reifen vor, Schwenkungen mit darin stehenden Gläsern, Verbinden derselben u. s. w. Der berühmte Münchner Schäffler= tanz, aus der grausamen Pestzeit herrührend, in welcher die Schäfflergesellen durch den Tanz Heiterkeit und Fröh= lichkeit in die durch Trauer und Schmerz schon ganz herabgekommene Stadt gebracht und sich damit außer= ordentlich verdient gemacht haben sollen, war eine ähnliche Belustigung, von jener Zeit an (1517) mußten die heiteren Gesellen ihren Reifentanz öfter wiederholen.

Heute noch wird er in München aufgeführt, und zwar findet der Schäfflertanz jedesmal im ersten Re= gierungsjahre des Königs und dann alle sieben Jahre statt. Ferner werden Reiftänze erwähnt, die früher in Eßlingen, Nürnberg, Danzig, Frankfurt a. M., Erfurt, Breslau, Zittau und endlich in Salzburg vorkamen, in der zuletztgenannten Stadt hieß er der Reifleintanz und wurde auch alle sieben Jahre von den Böttchern abgehalten, scheint überhaupt mit dem Münchner Schäfflertanz ver= schiedene Beziehungen gemein zu haben.

Das in Obersteier übliche Reiftanzspiel kommt hauptsächlich im Ennsthale und in den kleineren Neben=

thälern desselben vor. Wir sehen in ihm eine dramatisch gegliederte Darstellung, die charakteristische Volksgestalten vorführt, die jedenfalls nur bei feierlichen Gelegenheiten aufgeführt wird und die mit den übrigen Reiftänzen Deutschlands, welche zumeist heute nicht mehr zur Darstellung gelangen, in Verbindung steht.

Die Aufführung findet im geschlossenen Raume oder im Freien statt, unerläßlich ist dabei eine einfache Landmusikcapelle, wohl auch mit der landesüblichen Zither und dem Hackbrett versehen, welche zum Tanze selbst aufspielt. Als darstellende Personen treten auf: der Schalksnarr, zugleich die komische Figur des Ganzen, sodann eilf andere Gestalten, welche unter den Namen Obermaier, Gsell, Unterndach, Ruabendunst, Thuakoagut, Schellerfriedl, Grünenwald, Schütz, Springinklee, Grob und Hefenstreit (Höfenstreit) theils typische Gestalten aus dem Landvolke darstellen in allerdings carricirter und derb aufgetragener Manier, die man, wie auch die derbe Sprechweise dem natürlichen Landmanne nicht verübeln wird, theils gewisse Eigenschaften personificiren, welche ebenfalls im Volke vorherrschend sind.

Der Schalksnarr eröffnet den Tanz, macht einen Sprung mit einer Peitsche und mit seinem Reifen in's Zimmer oder in den geschlossenen Kreis und wendet sich mit einem Spruche, den er zuerst hören läßt, zuvörderst an den Hauswirth und die Gäste:

Ich tritt herein wohl also fest
Und grüße den Herrn Hauswirth und all' seine Gäst,
Grüß ich einen anderen oder nicht,
So möchten sie glauben, ich wär' der rechte Schalksnarr nicht.

Der rechte Schalksnarr bin ich genannt,
Trage die Peitsche in meiner Hand
Und auch das steirische Wappen
Und dreihundert Schellen auf meiner Kappen,
Mein Vater hat sieben Söhn, das sind lauter Narrn,
Nur i bin davon der Gescheidtere worn.

Er schlägt sich mit der Peitsche auf den Fuß:

So hat meine Mutter der Henn' aufn Schweif aufig'schlagen,
Und i bin mein Vater beim lukaten Dachfirst aufig'fahren.

Er ruft:

Herein nach Thal,
A jede Kuh in ihren Stall,
A jedes Weib zu ihrem Mann,
A jede Henn zu ihrem Hahn —
I wir mi nit lang bsinna,
Und wir über meine Peitschen übri springa,
Trummel und Pfeifn solln a dazu stimma.

Es treten nun die Musikanten herein, die oben angeführten Tänzer folgen ihnen nach, ein Jeder mit seinem Reife macht einen Sprung und Alle tanzen im Kreise; nach diesem Tanzen schweigt die Musik und mit Ausnahme des Schalksnarren stellen sich die Spieler in zwei Reihen.

Der Schalksnarr ruft: Herein Hans Obermaier.

Hans Obermaier springt aus dem Gliede über den Reifen und spricht:

Ei, warum heiß ich Hans Obermaier,
Iß in einem Tag wohl acht Pfund Eier,
Und auch dazu neun Pfund Schoten,
Die sauern Holzäpfel sand mir a nicht verboten,

Saure Holzäpfel und weiche Birn,
Damit kann ich meinen Gober schmirn.
Und wenn meine Mutter b'Nudl strupst,
Da bin ich der Erste, der dazu hupft.
Und wenn meine Mutter in der Kuchel Krapfen bacht,
So bin ich der Erste, der den Mund aufmacht,
Kropfata Schalksnarr, thu mi nit lang soppen und sekirn,
Geh hinweg, sonst schlag i di auffi aufs Hirn!

     Er springt nun wieder über den Reifen in sein Glied.
     Der Schalksnarr ruft: Herein, Gsell.
     In derselben Weise wie Obermaier springt Gsell herein und spricht:

     Ei, warum heiß ich der Gsell,
     Bin erst kemma aus der Höll.

Schalksnarr:

Was hast denn in der Höll than?

Gsell:

Verspielt, was i g'habt han.

Schalksnarr:

Wer hat Dir zug'schaut?

Gsell:

Der Wirth mit der Bärenhaut.

Schalksnarr:

Wo ist der Wicht?

Gsell:

Er sitzt beim Tisch und spielt beim Licht.

Schalksnarr:

Wo ist der Herr?

Gsell:
Er ist nicht fer(n).

Schalksnarr:
Wo ist die Frau?

Gsell:
Geh hin Narr, und schau.

Schalksnarr:
Derf i Di um gar nichts fragen?

Gsell:
I wir Dir's schon an andersmal sagen.

Schalksnarr:
Wo ist der Knecht?

Gsell:
Er ist bei der Dirn, er meint, er hat's Recht.

Schalksnarr:
Wo ist die Dirn?

Gsell:
Sie sitzt beim Ofen und hat no koa Wiagn.

Schalksnarr:
Wo ist der klein Bua?

Gsell:
Er sitzt im Keller und schaut in luketen Glasl zua.

Schalksnarr:
Wo ist die Jungfrau Linzllanzl.

Gsell:
Sie ist im Garten, brockt mir a Büschl und ihr a Kranzl,
Spielleut, machts auf a lustigs Reif-Tanzl.

Beide tanzen nun mit ihren Reifen einen Steirischen, nach welchem Gsell zum Schalksnarren spricht:

> Du kropfata Schalksnarr geh hinweg,
> Sonst hau i da auffi auf Deine Kröpf,

und über den Reif in die Reihe zurückspringt.

Der Schalksnarr ruft nun wieder: Herein, Hans Unternbach! worauf der Gerufene in derselben Art wie die Vorigen über den Reif hereinspringt und spricht:

> Ei, warum heiß ich der Hans Unternbach,
> D'schönen Jungfrauen laufen mir überall nach.
> Schöne Jungfrauen will i genug bekumma,
> Will mir's da kropfete Schalksnarr nit vergunna,
> Hat mi z'nächst a Madel beten,
> I soll mit ihr auf's Gaßl treten,
> Zwiesl knöbn und Von ausknolln,
> Geh hindau, sonst laß ich Dich von Dörner holn.

Er springt wieder zurück und der Schalksnarr ruft den Nächsten: Herein, Ruabendunst, der ebenso erscheint und spricht:

> Ei, warum heiß i der Ruabendunst,
> Viel reden macht Ungunst,
> Und der nit viel reden kann,
> Dem steht's Stillschweigen besser an,
> Es hat mich znächst a Madl beten,
> I soll mit ihr aufs Gaßl treten,
> Aufs Gaßl treten nit allein,
> Mähn, graben, auf an fein' Stein.

Schalksnarr:

> Dein Kramperl is also zug'spitzt,
> Schau na, daß b' in Spitz nit obrichst.

Knabendunst:

D'Kramperl dorf so gespitzt nit sein,
Geht denna auf an sein Stein ein
Kropfata Schalksnarr, thu nit lang streiten,
Sonst hau i Di aufi auf die Seiten.

Nachdem auch dieser in derselben Weise wie die
Vorigen in's Glied zurückgesprungen, erscheint auf den
Ruf: Herein, Hans Thuakoagut, der Genannte, sich mit
den Worten einführend:

Ei, warum heiß ich der Hans Thuakoagut.
Wo i wenig g'winn aber viel vathua,
Han i 's verthan meines Vaters Guat,
Bis auf an alten Filzhuat,
Den Filzhuat han i no hoch in Ehren,
Daraus mueß noch was bessers werd'n,
Den Huat laß i noch umher rauschen,
Werb ich mir a schöns Madl eintauschen,
Das Madl nimm i auf meine Arm,
Is mir kalt, so wird mir warm,
Das Madl nimm i an meine Seiten,
Kropfata Schalksnarr, mit Dir will i a nit lang streiten,
Kropfata Schalksnarr, thu mi nit lang foppen oder hassen,
Ich schlag Dich nieder auf freier Straßen.

Nach dem Eintreten Thuvkoaguts, springt auf den
Ruf: Herein, Schellerfriedl, dieser über den Reif herbei
und spricht:

Ei, warum heiß ich der Schellerfriedl,
In mein Wald hat's nix als Holz und Prügl,
Holz und Prügl nit alloan,
Faule Stöck und hohle Stoan,
Die will i verkaufen
Und mit dem Geld ins Wirthshaus laufen,

Der Wirth, der schänkt ma ein den besten Wein,
Kropfata Schalksnarr, kannst a bei mir sein,
Gribeln oder Rasen, da hab ich kein Freud dran,
I hab nur ein Freud zu mein Schellenkranz,
Spielleut machts auf einen lustigen Reistanz.

Die Musik spielt nun wider einen Steirischen und
nach demselben stößt der Schalksnarr den Schellerfriedl,
der über den Reifen springt ins Glied; der Narr ruft
nun: Herein, Grünenwald, welcher wie die Andern
erscheint:

Ei, warum heiß ich der Grünenwald,
Grab ich die Wurzel: Jung und Alt,
Jung und Alt und Ehrenpreis,
Ist gut für die Ratzen und für die Mäus,
Thua i 's in a kloans Heferl hinein
Und laß' vierundzwanzig Stunden sieden drein,
Nachdem nimm ichs wieder heraus
Und mach Dir und mir eine grüne Waldsalben draus.
Also Du kropfata Schalksnarr, machst Du an Narren drein,
So kann meine grüne Waldsalben a nit dafür sein.
Kropfata Schalksnarr, thu mi nit lang soppen oder sekirn,
Sonst han i Dir anfi aufs Hirn.

Nach dem Zurückspringen des Redners ruft der
Narr: Herein, Schütz. Dieser erscheint:

Ei, warum heiß i da Schütz.
Han i viel g'schossen Reh und Fuchs,
Und hoab ma's auf a kloans Schepperl z'sammtriebn,
I han wohl dreingschossen in b'Mitt,
I weiß nit han i oan troffen oder nit.
Es sollt wohl gewesen sein,
Daß i oan troffen hon drein.
I han mi wohl gmacht davon,

Weil Du kropfata Schalksnarr ein schlechter Zahler bist dann,
Kropfata Schalksnarr thu mi nit lang foppen oder haffen,
Ich schlag Dich nieder auf freier Straßen.

Er springt zurück, auf den Ruf: Herein, Springin=
klee, springt dieser hervor:

Ei, warum heiß ich der Springinklee,
Harte Arbeit thuat ma weh,
Wenn mei Vater sagt vom Holzumschneiden,
Das mag i a kam daleiden,
Wenn er sagt von Holzumhacken,
So wird es sich wohl gar nicht machen,
Und wenn er sagt vom Blöckerkliabn,
So mag i meine Knie nit biagn.
Kropfata Schalksnarr, thue mi nit lang foppen oder streiten,
I hau da auffi auf die Seiten.

Nach dem Wiedereintritt in's Glied, erscheint auf
den Ruf: Herein, Grob, der Genannte mit den Worten:

Ei, warum heiß ich der Grob,
Einen glückseligen Tag gibt uns Gott,
Einen glückseligen Abend und eine fröhliche Zeit,
Gleichwie uns Gott vom Himmel geit.
Kropfata Schalksnarr, thu mi nit lang sekirn oder haffen,
I schlag Dich nieder auf freier Straßen.

Auch dieser kehrt in die Reihe zurück, der Narr
ruft nun: Herein, Höfenstreit und erhält von dem noch
entfernten Höfenstreit die Antwort: Ja, ja, ja! Erst nach
einer Weile erscheint dieser mit Eßwaaren und Getränk
beladen und spricht:

Ei, warum heiß ich der Höfenstreit,
Wein saufen ist mein' größte Freud,
's Wein saufen tragt aber nimmer nix heuer,

Geben ma die schlagraschen Bauern s'Troat a gar theuer,
I hama erst drei Metzen Safran kauft zan Sau ausmästen,
Hat ma's aber mei Weibal beim Putzn und Stingl weggessen.
Hiazt woaß i nix z'fangen an,
Hiazt lass i auf und davon.

Der Schalksnarr hält nun den Davonlaufenden zurück mit den Worten:

Bua, Bua, geh he do,
Du schau, i han a fleißiges Weib,
Sie verkauft Kittel und Pfoad von ihrem Leib,
S'Geld, das thut sie in Kasten hinein,
Das is gar nit lang sicher drein,
I zwicks um an Kreuzer und an Groschen.

Höfenstreit:
Du kropfata Schalksnarr, i han a höflichs Anbegehren,
Wannst mi da thatst balwiren und scheeren,
Balwiren und scheeren nit alloan,
Sondern im Maul han i gar a übles Boan,
Und das thut ma so weh und so ond,
I glaub es is an übla Zont,
Wannst mirn do thatst ausreißen,
I mag koa lautre Suppen nit dabeißen.

Inzwischen setzt sich der Sprecher einen großen Schweinszahn in den Mund.
Der Schalksnarr antwortet darauf:

Balwirn und scheern will ich Dich also gern,
Gibst mir an Groschen auf d'Hand,
So balwir ich Dich mit meiner eigenen Hand.

Höfenstreit:
Kratz mich voran oder hint,
Bei'n Füßen han ich auch drei Finger dicke Ring.

Die Musikanten spielen wieder einen Steirischen, den Beide tanzen; während des Tanzes macht der Schalks= narr die Gesten des Barbirens vor Höfenstreit, der sich auf einen Stuhl setzt, zuletzt ahmt der Narr das Zahn= ausreißen nach, faßt den eben erwähnten Zahn und zieht ihn dem Sitzenden rasch aus dem Munde, wobei aber Höfenstreit vom Stuhl fällt, liegen bleibt und auch die Musik plötzlich verstummt.

Schalksnarr:

Hiazt waß i nix z'fangen an,
Hiazt laf i auf immer davon.

Er versucht Den auf dem Boden zu erwecken:

Bua, Bua, auf, auf, Kamerad,
Rührt sich nix koa brewenkerl.

Dabei greift er ihm in komischer Aengstlichkeit den Puls:

Hiazt hat mar amal a alts Weib g'rathn,
I soll ihm in die Ohren blasen,
Hilfts nit, so schadt's nit.

Nachdem er ihm dreimal in die Ohren geblasen, springt Höfenstreit auf und ruft:

Hiazt bin i wieder von den Todten auferstanden,
I sag den Herrn dafür Dank,
Hiazt gfreut mi wieder unser lustiger Reiftanz.

Zum Schlusse legt sich der Schalksnarr selbst nieder, mit auf ihn gelegten Reifen umstehen ihn die Andern und Obermair spricht die Schlußrede:

Ha, ha, tropfata Schalksnarr, hats Dich bei der Kappen.
Von mir aus g'schieht Dir recht, Du hast ein jeden für ein
Lappen,
Ich bin heraufgestiegen,
Wär besser ich wär drunten geblieben,
Steig ich herauf mit Ehren,
So wollen wir alle das Fasching'gspiel ehren,
Ich sage Euch schuldigen Dank,
Für alle Diejenigen, die uns zugeschaut haben,
Wir ziehen jetzt wieder durch König= und Kaiserland,
Alle Straßen wohl auf und nieder,
Das Geld, das wir gewinnen, versaufen wir wieder,
Seiens Groschen oder Gulden,
Wir werden schon gedulden,
Dann trinken wir wieder Bier und Wein,
So wollen wir wieder lustige Reiftänzer sein.
So steh ich auf meinem grünen Kranz,
Spielleut, machts auf nochmals einen lustigen Reiftanz!

Zum Schlusse folgt nun nochmals Musik und ein Tanz aller Mitwirkenden.

Dies ist das Reiftanzspiel, welches ich Dir, freund= licher Leser, als einen Beitrag zur Kunde deutscher Volks= gebräuche in der Steiermark beschrieben. Deutungen des Einzelnen darin sind viele zulässig, wir wollen uns aber hier nicht auf dieselben einlassen, um nicht ermüdend zu wirken. Die genaue Aufzeichnung des Textes entstammt einer Originalquelle und dem Manuscripte selbst, aus dem der Tanz an Ort und Stelle aufgeführt wird. Derartige Reliquien uralten Volkslebens werden von Jahr zu Jahr seltener. Eine solche Reliquie ist es, die ich geboten habe.

Gespenstergestalten im steirischen Volks= glauben.

Es ist allbekannt, daß der Glaube unserer Vor=
fahren das Land mit Wesen bevölkerte, die übermensch=
liche Eigenschaften besaßen und zu den Bewohnern, aller=
dings nur in gewissen Fällen, in persönliche Beziehungen
traten, ein Glaube, der, wohl hauptsächlich weil er mit
den alten religiösen Anschauungen zusammenhing, lange,
ja vielfach bis heute nicht geschwunden ist. Elfen und
Nixen sowie andere übernatürliche Gestalten trieben in
Wald und Hain, in See und Fluß ihr geheimnißvolles
Wesen, Zwerge und Riesen, Kobolde und Erdmännchen,
Vertreter des guten und bösen Princips lebten und
webten allüberall und übten ihre Thätigkeit aus, ohne
daß der Mensch davon wußte. Schon die alte Heidenzeit
hatte also den Glauben an solche Spukgestalten heran=
gebildet. Aber selbst, nachdem das Christenthum Eingang
gefunden, wurde derselbe nicht ausgerottet, es erlangten,
manche dieser Gebilde des Aberglaubens durch christliche
Einflüsse allerdings andere Gestaltung, konnten jedoch
nicht ganz verdrängt werden, das Volk hielt so fest daran
wie an irgend einer andern alten Ueberlieferung.

Es ist aber aus diesem Grunde von hohem Inte=
resse, nachzuspüren, was sich von den uralten Anschau=
ungen noch heute erhalten hat, denn diese weisen nicht
nur auf die Richtung des einstigen religiösen Lebens,

sondern sie machen uns auch mit dem Gedankengange
des Volkes über das Walten und Wirken der Natur
bekannt, deren Kräfte ja eben personficirt gedacht wurden,
sie sind von unzweifelhaft historischem Interesse, da sich
in ihnen der Volksgeist vieler Jahrhunderte spiegelt.
Daß gerade das Alpengebiet Vieles unverfälscht und
wenig verändert erhalten hat, was auf anderem Boden
schon lange durch den hereingebrochenen Strom neuer
Anschauungen unserer Zeit hinweggeschwemmt wurde,
ist eine längst bekannte Thatsache, gerade in den süd=
deutschen, also auch deutsch=österreichischen Gebirgsländern
ist so Manches in Sprache, Sitte und Denkweise der
Väter bewahrt geblieben und liefert Dem, der es zu
deuten weiß, gar überraschende Hinweise auf das Treiben
und Denken vergangener Tage. So auch in den volks=
thümlichen Spukgestalten, die zumeist diesen südlichen
deutschen Ländern gemein sind und an die der Gebirgs=
bewohner abgelegenerer Gegenden noch immer glaubt,
wohl auch düstere Geschichten, in denen solche Gespenster
eine Rolle spielen, als wahre Begebenheiten zu erzählen
weiß. Die Gestalten sind nun allerdings vielfach in ihren
Hauptzügen dieselben, von denen die deutsche Mythe
überhaupt Kunde gibt und das geheimnißvolle gespenster=
hafte Treiben derselben gleicht dem ihrer Gesellen im
Norden und Westen Deutschlands in mehr als einer
Beziehung, dessenungeachtet finden sich auch hievon ab=
weichende Züge vor, und besonders Steiermark und
Kärnten kennt die verschiedenartigsten gespensterhaften
Wesen, welche zumeist den Menschen wenig günstig ge=
sinnt sind. Betrachten wir eine Reihe derselben, vor

denen der Landbewohner Steiermarks noch häufig gar
ängstliche Scheu zu Tage trägt.

Vor Allem gehört in diese unheimliche Reihe die
Habergoas oder Habergeis, ein gespenstiges Thier,
welches in Obersteiermark weit und breit bekannt ist.
Diese Gespenstergeis zeigt sich gerne auf Haferfeldern,
woselbst sie in Gestalt einer Ziege erscheint, daher auch
ihr Name. Aber welch' eine unheimliche Ziege! Vor Allem
ist sie nur um zwölf Uhr Nachts zu treffen, sie ist ganz
schwarz und hat drei Füße und nur ein großes feurig
rollendes Auge mitten in der Stirn. Ihr Rachen weist
fünffache Zahnreihen auf und aus diesem sowohl wie
aus dem Auge und den Ohren sprühen übelduftende
Funken. Dieses gräßliche Thier pfeift, grunzt oder blöckt
unheimlich durch die stille Nacht. Manchmal zeigt es sich
auch auf Friedhöfen oder wohl gar unter dem Hoch=
gericht, woselbst sich die Habergeis mit andern Spuk=
gestalten herumtreibt. Das Gespenst ist allen Menschen
feindselig gesinnt, insbesondere aber Kindern, Verliebten
und Verlobten. Schon Demjenigen der seine Stimme hört,
steht ein Unglück bevor, wer das dreibeinige Thier aber
gar mit eigenen Augen erblickt, ist des Todes. In
manchen Theilen Steiermarks und Kärntens hält man
die Habergeis für eine Art von Vogel mit drei Füßen
von derselben unheimlichen Natur, auch glaubt man, daß
sich der Teufel selbst unter der Gestalt der Habergeis
zeige. Wie alle solche Spukgestalten, so deutet jedenfalls
auch diese Gespensterziege auf gewisse alte mythologische
Beziehungen; schon die drei Füße weisen auf die alte
heilige Dreizahl und das Vorkommen in Haferfeldern

dürfte einen Zusammenhang mit dem alten Donnergott Thor erkennen lassen, dem der Hafer geweiht war. Nach dem Eindringen christlicher Anschauungen wurde das Gespenst natürlich leicht in den Teufel umgewandelt, mit dem es wohl auch heute noch an manchen Orten iden= tificirt wird. Der Bewohner des Oberlandes schließt, wenn sich in hellen Nächten im Haferfelde oder im Thal= grunde die gefürchtete Stimme der Habergeis erhebt, rasch das Fenster und bekreuzt sich, den bösen Geist ver= wünschend. Daß dieser schon viel Unheil angerichtet, davon wissen manche Geschichten des Volkes zu erzählen. So lebte vor etwa fünfzig Jahren in der Gegend von Knittelfeld ein glückliches verlobtes Paar, das bald Hoch= zeit halten sollte, als in einer Nacht der Bräutigam seiner Braut ein Ständchen auf der Schwögelpfeife brachte und gegen Mitternacht im nahen Haferfelde die Habergeis erblickte, auf deren Rücken ein liebendes Paar saß, das die Gestalt des Todes mit der Hippe bedrohte. Am Tage, der zur Hochzeit bestimmt war, wurde die schöne junge Braut auch wirklich begraben, der Bursch verfiel in Wahnsinn, entriß beim Begräbniß am Grabe den Trägern den Sarg und eilte mit demselben in den Wald, wo man ihn einige Tage darauf neben diesem Sarge todt auffand.

In welcher Weise sich der alte Volksglaube mytho= logische Gestalten umwandelt, zeigt ein anderes gespen= sterhaftes Wesen, der Verschtl; der Verschtl, so erzählt man sich's im Volksmunde Obersteiermarks noch heute, ist der Geist eines heidnischen Gottes, welcher in der Gestalt eines schwarzen zottigen Hundes zu erscheinen

pflegt, sehr gefräßig und sehr bösartig ist. In gewissen
Nächten wurden früher diesem Spukgeiste wohlgefüllte
Schüsseln guter Speisen auf einen Tisch im Zimmer
gestellt und Niemand durfte in dieser Stube bleiben,
damit der Geist seinen gar nicht geisterhaften Hunger
stillen könne. Die Speisen waren auch wirklich einige
Zeit darauf von den Schüsseln verschwunden. Der
Berschtl kommt aber als B e r ch t l (Berchta, Berchte)
auch weiblich vor, man denkt sich das Gespenst dann als
altes, häßliches Weib, das die Kinder schreckt, den Flachs
und die Fäden am Spinnrocken zerreißt, ja seinen
Gegnern den Bauch aufschneidet. Auch der „Berchtl"
opferte man, und zwar die sogenannte Berchtelmilch; ihr
zu Ehren wurden schon vor langen Zeiten in Kärnten,
Steiermark und anderen Gebieten unserer Alpen Berchtl=
spiele veranstaltet. Heutzutage sind diese Gebräuche aller=
dings beinahe ganz abgekommen, sie beziehen sich aber
alle auf die Göttin Perchta (die Glänzende, Prächtige)
des deutschen Alterthums. Allerdings dachte man sich
diese Göttin meist mild und gütig, und so zeigt sie sich
auch noch vielfach in der deutschen Volkssage. Aber
Berchta kommt auch als grimmige Frau vor, die den
Menschen nicht hold erscheint und es ist wohl anzu=
nehmen, daß das leuchtende gütige Götterbild durch das
Eindringen des christlichen Glaubens in der Volksan=
schauung gewandelt wurde, da man die Erinnerung an
die alten Götter und selbst Einzelnes aus deren Cult
nicht ganz verdrängen konnte. Aus der lichten Göttin
wurde dann, vielleicht um den Abscheu gegen sie zu
zu erwecken, ein Scheusal, das zum Kinderschrecken diente

und von unheimlicher Wirkung blieb. Die ursprüngliche
weibliche Gestalt ward später auf eine männliche über=
tragen und so entstand der männliche Spukgeist Berschtl,
an den der Glaube noch hier und da fortbesteht. Ein
deutlicher Beweis für dessen mythologische Bedeutung
sind die Opfergaben von Speisen und Milch, die auf
wirkliche Speiseopfer hindeuten, auch dürften die Berchtl=
spiele auf gewisse dramatische Darstellungen, Umzüge
u. dgl. beim alten Berchtafeste zurückzuführen sein. Der
Glaube an die Berchta (Berchtl, Perchtl) ist in ganz
Süddeutschland verbreitet; im Pusterthal Tirols ist noch
zur Weihnachtszeit und im Fasching das Berchtlspringen
gebräuchlich, in Baiern finden sich die Opfergaben, welche
man auf dem Tisch für „Frau Bert" in der Dreikönig=
nacht stehen läßt, in ähnlicher Weise wie diese Gaben in
Steiermark. Ein charakteristisches Geschichtchen, welches
in den Fischbacher Alpen bekannt ist, erzählt von dem
Spukgeiste Berschtl Folgendes: In jener Gegend lebte
ein Bauer, der strenge an die alten Gebräuche hielt und
auch dem Berschtl die seit undenklicher Zeit üblichen,
gewöhnlich sehr leckeren Speisen zur bestimmten Zeit
auftischte. Die Geschirre, in denen der geputzte Schweins=
kopf, die Würste, Krapfen oder das Schmalzkoch ent=
halten waren, fanden sich auch stets geleert und zehn
bis zwölf große blanke Silberstücke, die der Geist dankend
gespendet, waren darin. Einer der Knechte aber hatte
sich längst über die Fülle von Gerichten geärgert, die
man diesem unsichtbaren Gespenste vorsetzte, und als in
einer Walpurgisnacht wieder eine Reihe von Schüsseln
für den Berschtl im einsamen Zimmer aufgestellt wurden,

schlich der Knecht zur späten Stunde in die Stube, aß einige Krapfen und begann eine Schöpsenkeule zu be= arbeiten. Schon nahte aber der Geist, er sprang im Mondlicht als schwarzes Hündlein auf den Tisch, das immer größer und zuletzt zum riesigen Ungeheuer wurde, aus dessen Rachen Feuerflammen hervorloberten und welches sich wüthend an den Knecht drängte. Dieser schlug ein Kreuz und entkam glücklich. Aber ein Paar gewaltige Bockshörner hatte er von dem Geiste erhalten, die er nicht wieder verlor.

In ähnlicher Beziehung zu der Gestalt einer Göttin der Vorzeit stehen die bösen Strigholden, es sind dies nach der Volksmeinung in Steiermark böse Geister, wohl auch Teufel in weiblicher Gestalt, welche es haupt= sächlich auf Männer abgesehen haben und diese durch Sinnenlust in's Verderben zu stürzen versuchen. Schon der Name deutet auf Holda, jene allerdings wieder milde und gütige Göttin des deutschen Alterthums, welche aber von mancher Seite auch als die Todesgöttin aufgefaßt und mit der älteren eigentlichen Göttin des Todes, Hel, in Verbindung gebracht wird. Die Strigholden erscheinen übrigens in Gestalt schöner Jungfrauen, um die Männer in teuflische Netze zu locken, und da Holda auch als Frau Venus im deutschen Volksglauben vorkommt (der wieder diesen Namen der römischen Mythologie entlehnt hat), Frau Venus aber ebenfalls — man denke an die Sage vom Ritter Tannhäuser im Venusberg bei Venus der „Teufelinne" — den Mann verlockt, um ihn dann den ewigen Verderben zu überliefern, so wird die Beziehung der Strigholden zu Holda deutlich und es besteht unzweifelhaft eine gewisse Verwandschaft, worauf auch die Geschichte des Müllers Peter aus dem Raab= thale hindeutet, welche daselbst dem Volksmunde geläufig ist. Peter hatte eine ältliche Witwe, die Besitzerin einer Mühle, geheiratet und der Ehe entsproß ein Töchterlein. Der Müller führte aber einen leichtfertigen Lebenswandel. Als er einst in der Nacht durch den Eichenwald nach Hause ging, tanzte eine reizende Strigholde im thauigen Grase vor ihm, sie lud auch ihn zum Tanze ein und versprach im schließlich für 200 Jahre alle möglichen Süßigkeiten des Lebens und der Liebe, wofür er ihr aber sein vierjähriges Töchterlein überlassen müsse. Der unbarmherzige Vater gestand dies zu, brachte das Kind in der Nacht in den Eichenhain und dieses sollte einer großen schwarzen Schlange zum Fraße vorgeworfen werden, als die Kleine auf die Knie fiel und laut zum Schutzengel betete. Dies geschah nicht vergebens, denn ein helles Licht verbreitete sich plötzlich, ein Engel schwebte hernieder und rettete das Kind, zugleich aber ertönte Donnergebrüll, ein Abgrund, aus dem Flammen zuckten, öffnete sich und die Strigholde versank darin. Man sieht in dieser Erzählung deutlich die Wendung, welche ihr durch christlichen Einfluß verliehen wurde.

Wir kommen nun zu einer Art von Spuckgestalten, die mit dem Alpenlande, als forst= und wildreichem Gebiete, besonders zusammenhängen, übrigens in ganz Deutschland, allerdings, was die Einzelheiten betrifft, verschieden aufgefaßt, im Volksglauben festgewurzelt sind, es ist dies der Zug, welcher unter dem Namen: 's wilde Gjoad (die wilde Jogd) bekannt ist, den der wilde

Jäger anführt. Im Frühling und zu Anfang des Sommers, insbesondere in gewitterschwangeren, warmen und schwülen Nächten soll der gespenstige Zug durch die Luft dahinbrausen, man vernimmt dann ein Gewirr von Stimmen und Tönen, Hundegebell, Stampfen und Wiehern von Pferden, Geschrei von Katzen und Eulen, auch wohl einzelner Männer-, Frauen- und Kinderstimmen und Horngeschmetter. Diesen Lärm hört man bald hoch in der Luft, dann wieder unter der Erde oder auf derselben. Jäger und Wildschützen aus Obersteiermark und Kärnten wissen gar gräuliche Dinge von der wilden Jagd zu erzählen. In den Wäldern und auf den hohen Alpen rast der Zug dahin, aber auch in entlegenen Dörfern und an Stätten, die von Menschen bewohnt sind, macht er sich bemerkbar. Wer ihm in den Weg kommt, muß sich rasch auf's Antlitz werfen und ihn über sich dahinbrausen lassen. Wehe dem, der den Kopf emporhebt, er verliert das Gesicht und das Gehör für sein ganzes Leben. Man erzählt, daß in Steiermark der Hartkogel bei Mitterndorf der Wohnsitz des wilden Gjoads sei und noch zu Ende des vorigen Jahrhundertes in Mitterndorf ein Schmied gelebt habe, zu dem das Jagdheer alljährlich am Weihnachtsabend gegen eilf Uhr gekommen, die Huf- und Fußeisen ausbessern und Anderes verrichten ließ. Ein Teufel hielt dann dem Schmied den Beutel mit Geld hin, damit er sich seine Bezahlung nehme, aber dieser hütete sich mehr zu nehmen als er verdient hatte, es wäre ihm sonst übel ergangen.

Was für Ursachen die Aufrechthaltung des Aberglaubens im Volke an die wilden Jäger oft bewirken,

darüber gibt die Erzählung des Oberförsters E., der in
den Vierziger=Jahren zu Seckau in Obersteiermark lebte,
die beste Nachricht. „Es war eine laue Frühlingsnacht,"
erzählte dieser, „und ich hoffte, auf einem freien grasigen
Platz einen Rehbock zu treffen. Kaum war ich dort an=
gekommen, so vernahm ich ein Getöse in der Nähe. Es
pfiff, krächzte, schrie, heulte, bellte und zischte gräßlich
und in sonderbaren Tönen, ich hatte Mühe, dabei meiner
Sinne mächtig zu bleiben, zumal mir ein unbekannter
Feind derbe Püffe und Schläge auf den Kopf versetzte. Ich
dachte an alle die Geschichtchen, welche man mir vom wilden
Gjoad erzählte und, obwohl ich nicht abergläubisch bin,
hätte mich doch dieser räthselhafte Lärm beinahe daran
glauben lassen. Ich bückte den Kopf, um den Schlägen
auszuweichen, und das Getöse verlor sich allmählich.
Endlich wagte ich aufzublicken, da bemerkte ich eine
Menge von Eulen, welche ich wegen der Dichtigkeit des
Gebüsches, in dem ich mich befand, nicht sehen konnte.
Die verworrenen Stimmen dieser Eulen gleichen wirklich
jenen der Hunde, Katzen und Menschen und heiter lachend
beendete ich mein Abenteuer durch einen Schuß in den
Haufen der Lärmenden, der auch wirklich einen großen
Kauz zu Boden streckte."

Auf solche und andere Weise mag bei abergläu=
bischeren Gemüthern allerdings der Glaube an die wilde
Jagd gefestigt werden, auch er stammt übrigens aus
längst vergangener Zeit. Kein Zweifel ist es wenigstens,
daß man sowohl in Steiermark als auch in den übrigen
deutschen Gegenden, wo man den wilden Jäger mit
seinem Gefolge als Nachtgespenster kennt, darin eine

Erinnerung an das wüthende Heer des nordischen obersten Gottes Odin oder Wuotan erblickt, in der That wird an manchen Orten der nächtliche Zug mit dem Namen Wuotas Heer heute noch bezeichnet. Damit läßt sich auch die Auffassung in Verbindung bringen, daß die wilde Jagd sich in der Volksanschauung durch stürmische Früh= lingsnächte mit herausgebildet hat; die Phantasie des Volkes mag, weil die brausenden Nachtstürme unsichtbar sind, in dieselben allerlei Gespensterspuk hineingelegt haben und, da die Jagd seit Jahrtausenden eine allen Menschen geläufige Beschäftigung ist, der man in Wäldern und auf den Bergen nachgeht, so lag auch die Beziehung auf einen Jagdzug nahe. — Auch in Steiermark finden sich die Anschauungen über die Details des wilden Gjoad's übrigens verschieden, so meint man in manchen Gegenden, die Gespenster fahren auf einer Art von Schlitten, den böse Dienstmägde ziehen müssen, in Kärnten glaubt man, der wilde Jagdzug bestehe aus den Geistern eines Volkes aus alter Zeit, welches in toller Jagd die Felder der Bauern verheert habe und dies nun durch die Lüfte fahrend büßen müsse.

In einer Aneinanderreihung von Gespenstergestalten, wie die vorliegende, darf „der Schratl" nicht über= gangen werden, der Volksglaube an ihn ist wohl am allermeisten verbreitet, auch dürfte der Schratl schon seit vielen Jahrhunderten in derselben Art, wie man sich ihn heutzutage in Steiermark vorstellt, gekannt und gefürchtet sein. Schon in den altdeutschen Sprachdenkmälern, also in grauester Vorzeit finden wir einen Geist scrat oder scrato genannt, der dem Elbengeschlechte angehörte und später als ein wilder zottiger Waldgeist angesehen wurde; diesen kennt man nicht nur an vielen Orten Deutschlands und selbst Norwegens, sondern auch in den slavischen Gegenden; selbst der Name bleibt ähnlich, so heißt er im Böhmischen Skřet, im Slovenischen Shkrát. Sogar als Helden und Halbgötter werden die altdeutschen Scrate mitunter aufgefaßt. Wir haben es jedoch nur mit der gegenwärtigen Geltung unseres modernen Schratl oder Schrabel zu thun, wie man sich in Steiermark, Kärnten, selbst in Tirol und den angrenzenden Alpen= ländern denselben vorstellt, und in dieser Vorstellung ist der Schratl ein Diener der Hölle, ein abgefeimter Geselle, der dem Teufel hilfreich zur Seite steht und die Menschen durch Reichthum und andere Verlockungen zu berücken und zu verderben sucht. In mondhellen Nächten sieht man den Schratl manchmal auf den Giebeln der Häuser in gräulicher Gestalt sein Spiel treiben, zuweilen steigt er auch hinab und nähert sich in unbewachter Stunde den Menschen, auf die er es abgesehen hat. Zumeist wird der Schratl mit dem eigentlichen Teufel selbst iden= tificirt und nicht als ein von diesem verschiedener Geist angesehen, darum lautet auch das Liedchen:

> A Bua, der sein Geld verwixt,
> Dem thuat der Schratel nix;
> Der koans will verthoan,
> Den hat er schoan.

Auch in den naiven geistlichen Liedern des Volkes, so insbesondere in den Weihnachtsliedern wird des Schratels mitunter gedacht; so lautet die Stelle eines

solchen Liedes, welches das Nahen des friedenverkündenden
Engels beschreibt:

> Schau, dort kimt schon einer,
> S'is recht gar a kleiner,
> Der verkündet uns den Frieden all',
> Daß zu Trutz dem S ch r a b e l
> Unser Himmel Tadel
> Herabschickt seinen Sohn einmal.

Beide Lieder, das eine aus dem Murthale, das
andere aus dem Ennsthale der Steiermark stammend,
zeigen, daß man den Schratel sich mit dem Teufel als
eine und dieselbe Person denkt. Dies zeigen auch die
verschiedenen Geschichten und Sagen, welche über den
Schratel in der Bevölkerung Obersteiermarks verbreitet
sind. Eine derselben berichtet von einem greisen, in Noth
gekommenen Landmann, dem der böse Geist als häßliches
Männchen mit dickem rothbehaartem Kopfe, vom Dache
nach Katzenart herabkletternd, nahte und durch eine
Menge Goldes, welches er dem Verarmten schenkte, in
einen leichtsinnigen, lasterhaften Lebenswandel stürzte, so
daß er nach fünf Jahren ganz den Klauen dieses höl=
lischen Geistes überantwortet war. Man fand den Bauer
mit zerschmettertem Kopfe in einer Schlucht und er soll
nächtlicher Weile an des Schratl's Seite noch als Ge=
spenst durch das Thal wandeln. Daß dieses Teufels=
gespenst mitunter sich auch etwas dumm erweist, zeigt
die nicht minder verbreitete Geschichte jenes armen Jägers,
dem der Schratel ebenfalls in Jägertracht nahte und,
da der Jäger ein Mädchen liebte, aber seiner Armuth
wegen nicht heiraten konnte, diesem zu helfen versprach,

falls er von den Kindern, welche der Ehe entsprießen
würden, eines nach bestimmter Zeit dem bösen Geist
überlassen wolle. Auf das gegebene Versprechen hin erhielt
der arme Sohn Huberti eine Anzahl Freikugeln und
einen Geldbetrag, welcher ihm die Heirat ermöglichte.
Als aber nach abgelaufener Frist der Schratl seinen
Lohn zu holen kam, trat ihm der geängstigte Vater mit
dem Crucifixe entgegen, warf den mit Blut unterzeichneten
Vertrag, welcher ihm vom Geiste dargeboten ward, in die
Flammen seines Herdes und rief: „Gelobt sei Jesus
Christus!" Unter Donnerschlägen und höllischen Gestank
zurücklassend entfloh daraufhin der geprellte Böse und
nahte dem Jäger, der ein frommer christlicher Mann blieb,
nie wieder.

Seltsame Geistergestalten sind die Fuchtelmänner,
sie zeigen sich insbesondere auf dem Hochschwab und in
dessen zerklüftetem Gebirgszuge, und zwar um Mitter=
nacht, zu welcher Zeit sie als kleine Flammen im Gebirge
umhertanzen und den einsamen Bergwanderer schrecken.
Das Volk weiß zu erzählen, daß dies die Seelen solcher
Menschen sind, welche bei Lebzeiten aus Habsucht Grenz=
steine verrückt haben. Auch böse Verwalter, Advocaten,
Richter und Vormünder, die ungetreu gehandelt, finden
im Grabe keine Ruhe, sie müssen gespenstig als Ziegen=
böcke, Eulen und Kröten unstet durch Nebel spuken und
manche Geschichte ließe sich hievon erzählen. Der Glaube an
diese verwünschten Seelen herrscht im ganzen Alpenlande.

Weniger grauenerregend, aber doch aus dem Geister=
geschlechte angehörend sind die Bergfräulein und
Wildfräulein in dem Hochgebirge der oberen

Steiermark. Auch sie sollen hauptsächlich im Hochschwab=
gebiete vorgekommen sein. Die Bergfräulein waren klein
und von zarter Beschaffenheit, sie zeigten sich vor
Zeiten öfter den Hirten auf der Alm, ließen sich in
Gespräche mit denselben ein und waren ruhiger, fried=
licher Natur. Die Wildfräulein waren weniger mild,
schon äußerlich erschienen sie größer und stärker. Die
Bewohner des Hochschwabgebietes erzählen, daß diese
geisterhaften Wesen aus der Gegend verschwunden seien,
seitdem es um den Hochschwab lärmender geworden
und insbesondere seitdem die Fuhrleute daselbst so viel
mit den Peitschen knallten.

Es sei nun noch eines dem Volksglauben bekannten
Wesens gedacht, das zwar kein eigentliches Gespenst
genannt werden kann, aber doch seines übernatürlichen,
unheimlichen Charakters wegen zweifellos an diese Stelle
gehört. Es ist dies der freilich in den letzten Jahren
schon ganz in Vergessenheit gerathene Werwolf.
Gewisse Menschen schließen nämlich einen Bund mit
dem Bösen und werden von diesem nicht nur mit Glücks=
gütern überhäuft, sondern sie erhalten auch die Gabe,
sich in verschiedene Gestalten zu verwandeln, hauptsächlich
zeigen sie sich dann in der Gestalt des Wolfes, in welcher
sie viel Unheil anrichten, und einen solchen Wolf nennt
man Werwolf. Dieser Glaube ist sowohl im deutschen
als auch im windischen Theile der Steiermark sehr ver=
breitet gewesen, er taucht aber auch bei fast allen Völker=
schaften Europa's, und zwar seit den ältesten Zeiten auf.
In Deutschland gibt es beinahe kein Gebiet, in dem
man nicht die grauenhaftesten Dinge von Werwölfen zu

berichten müßte. Auch hierin stecken Spuren mythologischer
Beziehungen zu dem germanischen Alterthum. So war
der Wolf das dem höchsten Gotte Wuotan geheiligte
Thier, da er das schnellste, rüstigste, freilich auch das
raubgierigste unserer größeren vierfüßigen Thiere ist; er
stammte von den Göttern und Menschen feindlichen Riesen
ab, überhaupt wurde er als das Symbol des feindseligen
Bösen angesehen und ward im christlichen Glauben später
geradezu das Thier des Satans. So nennen ja ältere
Gedichte noch den Teufel selbst den Erzwolf, Archilupus.
Auch soll der Teufel häufig in Wolfsgestalt mit mehreren
Werwölfen umherziehen und Schaden und Unheil anrichten. In Norddeutschland wird die Verwandlung in
einen Werwolf mit einem Gürtel in Verbindung gebracht,
den der zu Verwandelnde erst anlegen muß, und zwar
soll dieser Gürtel aus Wolfshaut gefertigt sein. Nicht
selten geschieht es, daß durch eine Verwundung der
Werwolf wieder gezwungen wird, sich in seine menschliche
Gestalt zurück zu verwandeln, freilich zeigt er, sich aber
auch unverwundbar und dann kann man ihm nur mit
besonderen Mitteln zu Leibe gehen. Der Werwolf kommt
auch wohl als das Gespenst eines Verstorbenen vor, der
einen bösen Lebenswandel geführt hat, in dieser Art aber
viel seltener. Schon der Name des Werwolfs deutet darauf
hin, seit wie langer Zeit der Glaube an ihn besteht;
das Wort Wer heißt nämlich (gothisch vair, althochdeutsch
wer) in altdeutscher Sprache Mann, da ursprünglich
zumeist Männer als Werwölfe gedacht wurden. Ueber
den Werwolf hat sich auch schon eine reiche Literatur
gebildet und schon im Jahre 1591 hat Wolfeshusius

ein Werkchen De Lycanthropis (Von den Werwölfen) herausgegeben.

Dies wäre eine Zahl der wichtigsten Spukgestalten, welche das Volk unseres Alpenlandes theils noch kennt, theils einst gekannt hat. Manchen im Landvolke wird man finden, den das eine oder das andere dieser Wesen schon geschreckt hat und der darauf schwören wird, er sei dem Gespenste begegnet. Dem freundlichen Leser, der mich bis hieher begleitet, kann ich, wenn er selbst etwas dergleichen erfahren will, rathen, sich in der Nacht auf Friedhöfen oder an Kreuzwegen einzufinden, dort sitzen Hunde mit flammenden Augen, welche leibhaftige Teufel sind, auch tanzen an letzteren Orten die Teufel in ihrer wirklichen greulichen Gestalt und allerlei unheimliches Gespenstwerk treibt dort nächtlichen Spuk. Hirten und Jäger werden dies bestätigen und es ist leicht möglich, daß auch der Leser persönlich einen der geschilderten Unholde dort kennen lernt.

Wie man in Steiermark ißt und trinkt.

Niemand wird leugnen, daß in der Speise und im Tranke eines Volkes ein Stück der Geschichte seiner Cultur und seiner Entwicklung steckt und daß die Nahrung von nicht geringem Einflusse auf die Ausbildung ganzer Nationen geworden ist. Es liegt nahe, hier auf die im

Alterthume so berühmte schwarze Suppe der Spartaner hinzuweisen, welche mit zur Kräftigung eines bis heute von der Welt bewunderten Heldenvolkes beitrug, eine Suppe, die dadurch zu unvergänglicher historischer Berühmtheit gelangte. Und auch die späteren Zeiten haben Speisen und Getränke aufzuweisen, die im Culturleben eine so große Rolle spielen, daß ohne sie die Volksentwicklung gar nicht gedacht werden kann; der alte römische Geschichtsschreiber erzählt von unsern germanischen Urahnen, daß sie ein Getränk gehabt, welches er natürlich nicht Bier nennen kann, das aber nach seiner Beschreibung dem heutigen Biere ganz ähnlich war, und dieses Getränk ist durch viele Jahrhunderte immer ganz besonders bezeichnend für die materiellen Bedürfnisse des Deutschen geblieben. Für den Ethnographen bieten die Nationalspeisen und Nationalgetränke gegenwärtig noch Stoffe recht werthvoller Untersuchungen und der Plump-Pudding des Engländers, die Olla potrida des Spaniers, die Polenta des Italieners, der Pillaw des Orientalen können ebenso gut als Repräsentanten des ganzen Volkes aufgestellt werden, wie ein einzelnes Individuum aus den genannten Nationen.

Der freundliche Leser wird es nach diesen Worten schon weniger seltsam finden, daß wir uns mit einem kleinen culinarischen Streifzuge beschäftigen, welcher unser schönes Alpenland betrifft, auch hier beeinflußen ja die materiellen Bedürfnisse, wie überall, die Charakter-Entwicklung des Volkes, und gerade beim Volke der Alpen, das in bestimmten Richtungen an eine gewisse Nahrung durch die Gestaltung seines Bodens angewiesen ist, zeigt sich die Einwirkung derselben auf die culturelle Entwicklung sehr deutlich.

Wie lange Zeit einzelne der nationasen Gerichte bestehen, zeigt die Anekdote von der Herkunft des Namens „Sterz", jener kräftigen Mehlspeise, welche gerade in der Steiermark so verbreitet ist, und die eigentliche National= speise des Steirers genannt werden kann. Man erzählt, daß die Römer, als sie in grauer Vorzeit den Boden der Steiermark zuerst betraten, hier die Ureinwohner des Landes fanden, welche von Ackerbau und Viehzucht lebten und insbesondere sich von einer Gattung Mehl= brei nährten, den Alt und Jung, Vornehm und Gering, genoß. Dieser Brei mundete aber den verwöhnten Gaumen der von allen Leckerbissen übersättigten römischen Ritter und Soldaten keineswegs, sie schoben ihn verächtlich bei Seite und nannten ihn schlechtweg stercus, das heißt Koth. Das Land selbst kam sodann unter römische Herr= schaft, es wurde urbar gemacht; aber siehe da, im Laufe der Zeit hatten die verwöhnten Söhne der stolzen Roma in dem Brei doch eine gesunde, bald selbst eine wohl= schmeckende Speise kennen und würdigen gelernt, nur der Name Sterz war beibehalten worden und blieb es bis auf den heutigen Tag. Mag diese Geschichte nun wahr oder nur sagenhaft sein, so weist sie doch jedenfalls auf das Alter des betreffenden Gerichtes hin, dessen sich im letzteren Falle sogar die Sage bemächtigt hat.

So schwierig es ist, so läßt sich doch bei einzelnen Gerichten und Speisen, die dem Volke eigenthümlich sind, durch eine Reihe von Jahrhunderten zurück ihr Bestehen nachweisen. Dies ist hauptsächlich bei den Mehl=

9

speisen der Fall, welche hier besonders den Ausschlag
geben, da sich ja die verschiedenen Gattungen von Fleisch=
speisen nach den wilden und zahmen Thieren, die im Lande
überhaupt vorkommen, richten. Selbstverständlich darf
man, wenn von der volksthümlichen Nahrung die Rede ist,
nur diejenige des eigentlichen Volkes, insbesondere also
die des Landmannes, des Jägers, des Hirten und der Sen=
nerin auf der Alm, kurz diejenige der Stände, welche den
eigentlichen Kern des Volkes bilden, in's Auge fassen, zumal
sich ja nur hier im Volke selbst auch auf diesem Gebiete die
Eigenthümlichkeiten lange und unverändert erhalten haben.

Das Volk liebt es, an seine Lieblingsspeisen oft
zu denken, und rühmt sich gleichsam derselben, wo dies nur
irgend möglich ist. Hiezu liefern die zahlreichen Lieder aus
dem Volksmunde eine Menge Belege und die naiven Weih=
nachts=, Hirten= und Krippengesänge bieten nicht selten die
schönsten Zusammenstellungen von Speisen und Lebens=
mitteln, welche besonders beliebt sind. Gewöhnlich werden
diese Speisen als Geschenk für das Jesukind mitgenommen
und ihm als Opfergabe verehrt, wodurch, da es sich um
ziemlich derbe Kost handelt, die Naivetät des Ganzen noch
gehoben und vermehrt erscheint. Hier etwa einige Proben.

Du, Wibach, leg b'schön Hosen an,
Du Stichi, in rothen Rock,
A Opfer muß mar a mitnehm,
Da Golli kocht a Koch,
Und Tofant=Aepfel und an Brein,
Von Ziwebn a Kletzenbrot,
Das muß mar a mit uns mittragn,
Gsegns ent der liebe Gott.

Oder der Hirt läßt gleich zwei Gattungen der beliebtesten landesüblichen Mehlspeisen für das Christkind rasch bereiten:

Hans, Hans, Hans,
Hast mich verstanden ganz,
Thua an ötla Schnittn bacha
Und für's Kind a Schmalzkoch macha,
Nimm aber Du mein Bua, ja mein Bua,
Nimm koa starks (ranziges) Schmalz dazua!

In Gegenden, wo auch Branntwein häufiger vor= kommt, bringt ein Hirt dem Kinde sogar

Dar, Gries, Mehl und Butta, a Kanel Geismilch,
In an Schraufglas an Branntwein fand schon a drei Halb,
Der wird ihm schon recht sein, heut is gräula kalt.

Ein Lied aus Mitterdorf im Mürzthale zählt eine ganze Reihe von Speisen und Lebensmitteln auf, welche das Gesinde herbeiträgt:

I gib a feiste Henn und mein großen Hahn,
Du Stanzl bring a in a Wandl
A zuckasüßes Aepfelmandl,
Der Urberl an Laib Brot,
Weils geht dem Kind so noth. —
Der Toni bringt a Lampl und an Wein,
Die Miabl Milchsuppn und Semmelbrocken drein,
Die Thresl Butter und Salz,
Die Katl Eir und Schmalz.

Auf diese Weise zählen solche Lieder ganze Speise= karten des Bauern auf und zeigen, da die Gesänge oft mehrere hundert Jahre alte sind, zugleich, wie unver= ändert sich im Volke diese Gattungen von Speisen erhalten haben.

Da Steiermark in zwei von einander in Sitten und Gebräuchen überaus verschiedene Theile zerfällt, in den oberen Theil, der vom deutschen, und in den unteren Theil, der vom slavischen Stamme bewohnt erscheint, so herrschen natürlich schon deshalb in der Nahrung und Lebensweise große Verschiedenheiten, insbesondere hat, was das Getränk betrifft, der Wende des südlichen Theiles eine Ueberfülle an Wein, der ja in den prächtigen Wein= gegenden daselbst reich und herrlich gedeiht und von Alters her berühmt ist. Dafür ist die Viehwirthschaft im Oberlande ausgebildet und die Milch= und Butter= speisen herrschen vor. Fett (Butter) welches man in Obersteiermark an einem Tage in einer Hauswirthschaft benöthigt, würde in den unteren Landestheilen für die nämliche Anzahl Menschen den Bedarf einer Woche decken und es ist die stark geschmalzene Mehlspeise selbst bei Mägden und Knechten des obersteirischen Bauernhofes so sehr beliebt, daß die Bäuerin, wie dies im Lande all= bekannt ist, Butter oder Schmalz nur heimlich verkaufen darf, wenn sie mit ihren Dienstboten, deren manche gar bedeutende Vorrechte haben, nicht in Zank und Haber gerathen will. Darum erzählt auch die Volksanekdote von den sehnlichen Wünschen der Bauernburschen Bartl und Rüepl: Der Bartl pflegt zu sagen: „Das möcht ich halt allweil haben, ein großes Stuck Speck, darauf tüchtig Butter gstrichen und in Schmalz eingetunkt. „Der Rüepl aber ist noch leidenschaftlicher in seinen Wünschen, die er in dem Seufzer ausdrückt: „Just zu'nen Schmalzbach möcht' ich einmall kommen, o wie wollt ich mich da laben."

Ueberhaupt macht man dem Bewohner des steirischen Oberlandes den Vorwurf, daß er sehr viel, ja zu viel esse; allerdings ist dabei zu bedenken, daß der Land= mann bei seinem harten Dienste fortwährend mit Luft und Wetter kämpft, daß er in den gebirgigen Gegenden mit großen Anstrengungen ringt, daß ein gesunder, starker und wohlgenährter Körper zur Ertragung aller dieser Lasten nothwendig ist und sich daher kräftigen und stärken muß. Ein genauer Kenner des Landes und Volkes erzählt eine heiter wirkende Episode aus dem Leben eines norddeutschen Reisenden, der in den Vierziger=Jahren auch Steiermark besuchte und bei einem biederen ober= steirischen Bauersmann einkehrte, der ihm gerne seine weitgehende Gastfreundschaft angedeihen ließ. Unser Nord= deutscher, an die knapper bemessene Kost seiner Heimat gewöhnt, that sich am gastlichen Tische des Landmannes, den er sehr verwundert reich besetzt fand, gütlich. Als er gesättigt war, scherzte er über die Fülle der gebotenen Speisen. „Guter Landmann“, sprach er, „Ihr esset ja gewaltig viel. Ich komme vom Norden, sah vieler Herren Länder und weiß zu sprechen von der Völker Lebens= weise. Hierlands wird aber der Tisch zu gröblich beladen.“ Der Bauer lächelte, kratzte sich hinter den Ohren und meinte: „Ah na, schau, schau, dös kann wohl sein ah, aber Gott sei Dank, mir habens ja, es gfolgt sicher aus. Wanns dös mehr hätts, i glaub schier, dös essets mehr.“ Der Nordländer schwieg darauf und es schien ihm nicht gerathen, auf das Gespräch weiter einzugehen, welchem der derbe Oberländer eine solche Wendung gegeben hatte, wenn auch in der gewohnten, eigentlich gutmüthigen Weise.

Um nun die Gattungen der volksthümlichen Speisen
kennen zu lernen, möge hier eine Anzahl derselben ver=
zeichnet werden; für freundliche Hausfrauen dürfte dies
ohnehin nicht ohne Interesse sein, aber auch Demjenigen,
der die Aeußerungen des Volkslebens gerne verfolgt, mag
es manches Neue bieten, da auch einige Speisen zu
nennen sind, die in der jüngsten Zeit wenig mehr im
Gebrauche stehen.

Oben schon wurde mehrfach auf die Mehlspeisen
hingewiesen, deren Steiermark eine Zahl ganz besonderer
Art aufzuweisen hat. Nothwendigerweise muß hier wieder
der S t e r z genannt werden, der im Ober= und Unter=
lande verbreitet ist und, wie schon angedeutet, jedenfalls
ein hohes Alter als steiermärkisches Gericht genießt. Er
ist zumeist aus Buchweizenmehl bereitet, das in siedendes
Wasser in einen Topf eingerührt und mit Fett „geschmalzen"
wird, dieser „Hoadensterz" (Heidensterz, nach dem ge=
wöhnlichen Namen des Buchweizens, den das Volk
Heiden nennt) zählt zu der beliebtesten gewöhnlichen
Speise des Steirers. Wir finden jedoch verschiedene
Sterzgattungen; und sie kommen im ganzen österreichischen
Alpengebiete, wohl auch aus gewöhnlichem Weizenmehl
und in Untersteiermark beinahe ausschließlich aus Mais=
(Türkenweizen)=Mehl bereitet, vor. Eine Abart vom ge=
wöhnlichen Sterz ist der Ofensterz auch Ofenkater oder
Ofentommerl genannt; bei der Bereitung dieses Gerichts
wird das Heiden=, Weizen= oder Maismehl nicht im
Topfe gesotten, sondern in einem Tiegel gebacken. Der
Pfannsterz endlich wird ähnlich in einer Pfanne und
stets mit viel Fett zugerichtet. Selbstverständlich ist das

Mehl des „Türkenweizens" wie die Frucht selbst, nicht nur im ganzen südlichen Theile, sondern auch in dem mittleren Gebiete der Steiermark verbreitet und in einigen Thälern, wie z. B. im Kainachthal, Sulmthal zc. so sehr beliebt, daß der Oberländer sich darüber lustig macht und singt:

> Der türkische Sterz,
> Ja der hat mich vertrieben,
> Sonst wär i no länger
> Im Sulmthal verblieben.

Zu den derben Mehlspeisen, die man überall im Lande kennt, gehören auch die Knödel, jene großen Klöße, welche aus Weizenmehl, Eiern und Semmel= schnitten bestehen und gewöhnlich mit Sauerkraut und geräuchertem Fleische gegessen werden; sie kommen bei großen und kleineren Mahlzeiten vor und fehlen eben= sowenig auf der bäuerlichen Hochzeitstafel als auf dem gewöhnlichen Mittagstische des Landmannes.

In Obersteiermark sind als Speise bei feierlicheren Gelegenheiten, jedoch auch mitunter als gewöhnliche Kost, die Krapfen nicht selten, unter denen man sich aber nicht jenes feine Gebäck zu denken hat, das unter diesem Namen auf den besten städtischen Tafeln vorkommt; die Bereitungsart ist allerdings dieselbe, nur sind die steiri= schen Bauernkrapfen aus weniger feinem Mehl und von außerordentlicher Größe; sollen sie besonders gut sein, so werden sie in frischer Butter gebacken und stark gezuckert, selbstverständlich gelten sie dann als besondere Leckerbissen. Der Hirt in einem Weihnachtsliede bietet als Opfer dem Christkinde auch:

A zween Butta-Krapfen, hans zuckert mit Fleiß,
An Rindsgrieß, a Mundmehl, a Semmel schneeweiß —

und will diese Krapfen als etwas ganz Besonderes an=
gesehen wissen.

Für das Alpengebiet insbesondere sind die ver=
schiedenen Gattungen von „Koch" hier nicht zu übergehen.
Welcher Tourist, der die herrlichen Berge der Steiermark
bestiegen, hat nicht schon in irgend einer Almhütte ein
Schmalzkoch gegessen, es ist dies eine Speise, bei der
in heiße Butter Gries eingekocht wird und die sehr
wohlschmeckend ist, in ähnlicher Weise wird beim Rahm=
koch Gries in siedendem süßem Milchrahm zu einer nicht
allzufesten Masse verkocht; das Brennkoch ist eine Art
Sterz aus Weizenmehl und Wasser und wird, wie selbst=
verständlich, tüchtig geschmalzen.

Zu den charakteristischen Speisen des Steirers, die
dem Gebäck beizuzählen sind, gehört das Kletzenbrot,
welches insbesondere aus Kletzen, d. h. aus getrockneten
Birnen, wohl auch aus Pflaumen und Brotteig verfertigt
und im Backofen gebacken wird. Es ist dies ein ähnliches
Gebäck, wie es unter dem Namen der „Zelten" auch in
ganz Tirol vorzukommen pflegt. Des trefflichen Obstes
in Südtirol wegen haben die Bozner Zelten ja einen
besonderen Ruf. Das Kletzenbrot ist in Ober= und
Untersteiermark bekannt, man pflegt es zu Weihnachten
und Ostern gerne zu bereiten und es gilt stets als
Leckerbissen, hauptsächlich wenn auch Rosinen, Korinthen,
Mandeln, Nüsse und dergleichen hinzugefügt werden,
was in vermögenderen Wirthschaften geschieht. Zur

Weihnachtszeit müssen einige Laibe Kletzenbrot in jedem Hause zu finden sein. Auch im Krippenliede heißt es:

> Drei Laibl Kletzenbrot
> Ist ja für unsern Gott
> Einmal nit z'viel.

Da Nüsse und gutes Obst im Unterlande nichts Seltenes sind, so ist auch das Kletzenbrot daselbst von besonderer Güte.

Noch seien erwähnt von den im Lande eigenthüm= lichen Mehlspeisen die Heiligenstritzel aus gewun= denem Teig, welche zu Allerheiligen (1. November) ge= backen werden, der Wider, in Oesterreich Gugelhupf genannt, das bekannte Germgebäck, welches ja als Napf= kuchen fast in ganz Deutschland verbreitet ist, die Prü= gelkrapfen, welche keineswegs krapfenartig sind, sondern aus einem leichten Zuckerteig bestehen, der auf einer Rolle (Prügel) über offenem Feuer gebacken wird, eine Speise, die in der Umgegend von Leoben bei festlichen Anlässen sehr beliebt ist. — Noch sei auf zwei Gattun= gen von Mehlspeisen, welche nur in Untersteiermark vor= kommen, hingewiesen, auf die Putizen und Poganzen. Erstere sind ein reich gefülltes Gebäck, das im ganzen Unterlande überaus gerne gegessen wird. Dasselbe er= scheint überall bei der südlichen slavischen Bevölkerung verbreitet und der wißbegierigen Hausfrau sei hier das Recept ihrer Bereitung mitgetheilt nach der Aufzeichnung des alten gelehrten Valvasor, der es schon in seinem 1689 erschienenen Riesenwerke: „Die Ehre des Herzog= thums Crain" so bietet, wie es heute noch angewendet wird. Der Wortlaut Valvasor's lautet: „Man welgt einen Teig ganz dünn, wie ein Laub oder Papier, streicht klein gestoßene und mit Honig durcheinander, gemischte Nußkerne, und walget solches Gemisch, druckts hiernechst zusammen, oder windets herum, daß es wie ein Laib brod wird. Endlich backt mans, und wann es ausgebacken, wird es Potiza genannt." Zu bemerken wäre etwa noch, daß heutzutage wohl auch andere Fülle den Inhalt dieser Putizen bildet, insbesondere auch Mandeln, Rosinen, Korinthen und dergleichen. Die Poganzen sind flache Kuchen, welche mit Mus von Aepfeln und anderen Früchten, mit Mohn, Nüssen, Eierkäse und dergleichen gefüllt, d. h. bestrichen werden, sie gleichen ganz den in Norddeutschland, speciell in Schlesien bekannten „Kuchen" und sind eine feinere Mehlspeise als die Putizen, sie werden aus einer Art Butterteig angefertigt. Mit Uebergehung der verschiedenen Strudeln, Nockerln, Talken und anderer Mehlspeisen, die nicht gerade im Lande allein, sondern in Oesterreich überhaupt vorkommen und daher für die Lebensweise des Steirers weniger bezeichnend sind, möge die freundliche Aufmerksamkeit des Lesers nunmehr andern culinarischen Gebieten des Steirers zugewendet werden.

Vorzugsweise kommt hier neben den Mehlspeisen die S u p p e in Betracht, deren es nicht minder verschiedene Gattungen gibt. Eine sehr beliebte Gattung ist die Klachelsuppe, eine Brühe aus zerhackten Schweinsfüßen, welche kalt geworden zu einer gallertartigen Masse gerinnt. Sie ist in vielen Gegenden Steiermarks bekannt und beliebt und heißt an manchen Orten Katzengschroa,

welcher Name wohl mit dem bekannten Ausdrucke: Katzen=
jammer zusammenhängt, da man dieser säuerlichen Suppe
in dem gewöhnlich also benannten Zustande wohlthätige
Wirkungen zuschreibt.

Im Alpengebiete darf auf den Bergen wie im
Thale die Milchsuppe nie fehlen, sie besteht einfach aus
gesottener Milch, in welche Brot geschnitten und die also
verspeist wird. Durch einen Zusatz von „Schotten,“ einer
Art Käse, wird diese Milch zu der Schottsuppe, welche
in jeder Almhütte die im Tage häufig eingenommene
Nahrung bildet und durch ihren Namen schon oft die
Aufmerksamkeit touristischer Neulinge, die in das Gebiet
unserer Alpen gekommen, erweckt hat. Die Mehlsuppe
wird aus geronnener Milch und Weizenmehl bereitet,
diese findet man besonders im Mittellande. Um Straden,
Gnas, Mureck, Leibnitz ist die sogenannte Verhakatsuppe,
von den gehackten Fleischstückchen darin so benannt, ein
häufiges Gericht. Noch südlicher in Gegenden, die wald=
reich sind, darf Schwammsuppe nicht fehlen, man ißt sie
häufig mit Sterz aus „Türkenmehl“, darum lautet auch
ein Liedchen daselbst:

> He lusti, wohlauf,
> Is der steirische Brauch,
> A türkischer Sterz
> Und a Schwammsuppen drauf.

Diese Suppe ist hauptsächlich als Fastenspeise be=
liebt und das Gleiche gilt von der sauern Rahmsuppe.
Die eigentliche Rindsuppe d. h. Brühe, in der Rind=
fleisch gekocht wird, erscheint in Obersteiermark besonders

bei feierlichen Gelegenheiten auf dem Tische, so darf sie
bei Hochzeiten nie fehlen und wird sogar einige Male
aufgesetzt, bald mit weißen Brotschnitten und geräucherten
Würsten, dann wieder mit Nudeln, Reis, Gerstengrütze
u. s. w. Bei größeren Hochzeitsmahlzeiten beginnt man
vier= bis fünfmal mit der Suppe und beschließt die
Abtheilung mit einem Braten. Noch sei endlich die Ein=
brennsuppe erwähnt, die mit Eiern gemengt und im
Unterlande oft aufgetischt wird.

So wichtig die eigentliche Fleischnahrung im
Allgemeinen erscheint, so wenig charakteristisch kann die=
selbe natürlich in der Lebensweise eines Volkes hervor=
treten; die Haus- und Nutzthiere sind fast überall die=
selben und in der Fleischbereitungsweise kann sich beim
einfachen Manne des Volkes auch keine Mannigfaltigkeit
geltend machen. Einzelne Andeutungen genügen hier
vollkommen. In Obersteiermark schlachtet der Bauer
wenigstens ein Stück Rindvieh in jedem Jahre, ein Theil
des Fleisches wird grün, d. h. frisch verzehrt, der größere
aber geräuchert und so aufbewahrt, um später als Knödl=
fleisch mit Sauerkraut und Knödeln genossen zu werden.
In Untersteiermark gibt es mehr Schweinefleisch und in
Folge dessen auch besonders gute Schinken, so wie
Würste, die im deutschen Berglande kaum gekannt sind.
Auch Geflügel ist im Unterlande besonders verbreitet,
der Truthahn, welchen man gewöhnlich „Janisch" auch
wohl scherzweise den „windischen Spatzen" nennt, findet
sich dort überall, während als leckerer Braten an seine
Stelle im Oberlande das Spanferkel auf den Tisch kommt.
Unter den Benennungen der Fleischspeisen fällt am meisten

das Brasöllerl (Bresillerl) auf, eine Roſtbratengattung, welche man mit oder ohne Brühe bereitet und die unter dem alterthümlichen Namen in allen Landestheilen bekannt iſt. Daß in Oberſteiermark Gemſen=, Hirſch=, Rehbraten, Auer= und Birkhähne häufig gegeſſen werden, iſt natürlich und ebenſo leicht erklärlich als der Umſtand, daß dieſe Wildbraten nicht immer auf dem correcten, geſetzlichen Wege in den Beſitz des ſie Verzehrenden gekommen ſind.

Man darf an dieſer Stelle einer ſeit Jahrhunderten rühmlichſt bekannten ſteiermärkiſchen Geflügelgattung nicht vergeſſen, es iſt dies der Kapaun, der ja bekanntlich auch im Winter aus Steiermark weithin verſchickt wird und gewiſſermaßen eine Art gaſtronomiſches Wahrzeichen des Landes bildet. Er findet ſich im Mittel= und Unterlande am vorzüglichſten. Die Kapaune, vom Munde des Volkes ſtets „Kapäuner" genannt, werden im gerupften Zuſtande verſchickt und es geſchah früher oft, daß man ſie bekleidet, mitunter in ſteiriſcher Tracht erſcheinen ließ, beſonders wenn man einen Prachtkapaun als Geſchenk überſandte.

Unter den übrigen Gattungen von Gerichten ſind nicht mehr viele, die man charakteriſtiſch nennen könnte; vom Gemüſe ſind hauptſächlich die Bohnen, welche überall im Lande gut fortkommen, beliebt, im Mittellande wird der Ridſchid, ein Brei aus Gerſtengrütze, Bohnen und Erbſen, mit Schweinefleiſch, als derbe ausgiebige Speiſe viel genoſſen. Der Ridſchid iſt auch in ganz Südſteiermark und in Krain bekannt. Sauerkraut iſt überall im Lande ſtets auf dem Tiſche zu finden;

man läßt das Kraut entweder mit Salz, Kümmel und
Wachholderbeeren bestreut und mit Steinen beschwert
sauer werden und nennt es dann Bottichkraut, oder
wirft die unzerschnittenen Köpfe, welche Gepel genannt
werden, in einen Kessel mit siedendem Wasser und brüht
dieselben so lange bis sie ziemlich weiß und weich werden,
worauf das übersottene Kraut in ein mit dem Unter=
theile in einer Grube befindliches Gefäß gelegt und zum
Gebrauche aufbewahrt wird. Man nennt dies das Gruben=
kraut, welches insbesondere in der Gegend um Weiz,
Passeil, Anger auf diese Art bereitet wird. Salat wird
im Unterlande in den unglaublichsten Quantitäten ge=
gessen, und zwar nicht nur als Zuspeise zu irgend einem
Braten, sondern als Einzelgericht, etwa noch mit irgend
einer Mehlspeise, z. B. Schmarrn. Zu den Mehlspeisen,
hauptsächlich aber zum Sterz wird im Alpenlande auch
Schotten gegessen, dessen oben bei der Erwähnung der
Schottensuppe gedacht wurde. Schotten sind überhaupt
eine sehr gewöhnliche Speise auf der Alpe und daselbst
natürlich am leichtesten zugänglich. Eigentliche Käse findet
man in Steiermark im Ganzen weniger als man ver=
muthen sollte; zumeist sind sie herb und scharf. Trotz=
dem werden in neuerer Zeit treffliche Gattungen von
Käse, insbesondere in Kornberg, dann im Sannthale
und auch im Ennsthale verfertigt.

Von Milchspeisen sei hier noch die gesulzte Milch
erwähnt, eine Mischung von Milch, Mehl und Zucker,
welche gekocht wird und abgekühlt mit Zucker und Zimmt
bestreut bei festlichen Gelegenheiten auf den Tisch kommt,
in derselben Art wird auch kalter Milchreisbrei gegessen.

Am Schlusse dieser culinarischen Betrachtung mögen noch einige Worte dem Brote gewidmet sein, da ja beim ärmeren wie beim vermögenderen Landmanne dieses stets das Hauptnahrungsmittel genannt werden kann. Das Brot wird im ganzen Lande gewöhnlich aus Roggen (Korn) etwa noch mit einem Zusatze von Gerste bereitet, hie und da finden sich wohl auch Weizenbrote und Semmeln, aber der große Brotlaib darf im Bauernhause nie fehlen und sind stets, da im Vorhinein gebacken wird, einige solche Laibe vorhanden. Wenn ein Fremder als Gast ins Haus kommt, so verlangt die Gastfreund= schaft und der alte Brauch, daß man ihm ein Brot vorlegt mit dem Messer dazu. Früher gab man auch Salz auf den Tisch, da nicht jedes Brot gesalzen war. Das Sprichwort sagt: „Das fremmi (fremde) Brot ist guat fürn gachen Tod", oder auch „das fremmi Brot ist guat fürs Zahnweh". Früher herrschte sogar der Brauch, dem Gaste, der fortging, noch ein Stück Brot mitzugeben. Ueberhaupt steht das Brot in hoher Achtung beim Manne des Volkes.

Was das Getränk anbelangt, so kann man sich darüber auf die leichteste Weise kurz fassen. Bier ist in Steiermark kein Nationalgetränk, obwohl es im Ober= lande öfter getrunken wird, dagegen wird der Obstmost (Cider), den man schlechtweg Most nennt und aus dem Safte der Birnen und Aepfel bereitet, im ganzen Lande getrunken, er hat einen säuerlichen Geschmack, ist aber im frischen Zustande ein ganz vorzügliches Getränk und außerordentlich erfrischend. Branntwein findet man in Obersteiermark jetzt nicht mehr so stark verbreitet als

dies früher der Fall war, da man noch Korn=, Obst=
und Wachholderbeer=Branntwein bereitete und im Ge=
birge viel genoß.

Es bedarf kaum einer Erwähnung, daß der treff=
liche Wein der südlichen Steiermark zu den hervorragend=
sten und berühmtesten Getränken im Lande zählt, die
Radkersburger, Kerschbacher und Murberger Weine, die
Luttenberger, Pettauer, Marburger, Jerusalemer, Pickerer,
Gonobitzer sind Weine, welche mit den besten Sorten
des In= und Auslandes kühn wetteifern können und
werden von Alters her stets gerühmt; den Luttenberger
erwähnen schon Rittergedichte und Reimchroniken des
14. und 15. Jahrhunderts. An dieser Stelle bedarf es
auch wohl nur der Erinnerung, daß der römische Kaiser
Probus „die edlen Reben an den Mur= und Savestrand"
verpflanzte. — Als eine besondere Eigenthümlichkeit ist
endlich der beliebte Genuß von Meth hervorzuheben,
welcher so recht an die alten deutschen Urzeiten erinnert;
im Oberlande trinkt den Meth Jung und Alt, Männlich
und Weiblich gerne und der Bursche, welcher sein Dirndl
zur Kirchweih führt, wird nicht verfehlen, ihr ein Fläsch=
chen des süßen gegohrenen Honigsaftes vorzusetzen, eben=
sowenig fehlen die Buden der Lebzelter, in denen man Meth
ausschenkt, bei irgend einem beliebigen steirischen Volksfeste;
selbstverständlich behält der Wein stets das Uebergewicht
und der in der Umgebung von Graz besonders gern
getrunkene starke Schilcher=Rothwein äußert bei solchen
Gelegenheiten seine Wirkung in sehr schlagender Weise.

Um die echt volksthümlichen Getränke und Speisen
kennen zu lernen, muß man einem Festmahle auf dem

Laube, etwa einer Hochzeitstafel beiwohnen, wo eine
Ueberfülle von Gerichten nach altem Brauche aufgetischt
wird. Bei diesen Hochzeiten wird gewöhnlich zuerst ein
tüchtiges Frühstück vor der Trauung und darauf ein
endloses Mahl eingenommen, bei welchem weder Krapfen
noch saftige Braten fehlen dürfen. Allen Speisen gerecht
zu werden, wird dabei selbst einem großen Eßkünstler
der Stadt kaum gelingen. Zum Schlusse erhält noch
jeder Gast das „Bschoadessen" (Bescheidessen), d. h.
einen Theil der übriggebliebenen Speisen, die stets über=
reichlich vorhanden sind, mit nach Hause. — Der Appetit
der bäuerlichen Landesbewohner macht sich auch in der
Zahl der Mahlzeiten bemerkbar, deren im Tage nicht
weniger als fünf selbst dem Feldarbeiter geboten werden
müssen, nämlich ein Frühstück, eine Vorjause, ein Mit=
tagessen, eine Jause und ein Abendessen. Alle diese Mahl=
zeiten müssen reichlich sein, wenn nicht der arbeitgebende
Bauer seine Arbeiter geradezu verlieren will.

Damit sei denn diese kurze Skizze, welche das
materielle Leben unseres kräftigen Alpenvolkes beleuchtet,
geschlossen, auch in dieser Beziehung ändert die rasch
hereindringende neue Zeit Vieles gewaltig und wer weiß,
in wie kurzer Zeit von den angeführten und angedeu=
teten Speisen manche nur noch der culturellen Geschichte
der Volkseigenthümlichkeiten angehören werden, ja von
vereinzelten kann man dies heute schon behaupten. Und
in diesem Sinne wird nicht nur die liebenswürdige
Leserin, sondern auch der freundliche Leser diesen gastro=
nomischen Streifzug nicht ungütig entgegennehmen.

10*

Die Volkstrachten in Steiermark.

Wer erinnert sich nicht, wenn er die Gebiete der
österreichischen Alpenländer durchreiste, insbesondere an
den Sonntagen Trachten und Gewänder von bunter
Mannigfaltigkeit in Schnitt und Farbe gefunden zu
haben! Ganz besondere Abwechslung weist in dieser
Richtung Tirol und Kärnten, leider auch vielfach gepaart
mit großem Ungeschmack, auf; man denke etwa an die
lächerlich hohen oder andererseits breiten und flachen
Hutformen im Pusterthale oder selbst im Innthale Tirols,
oder an die weibliche Kleidung des Gailthales in Kärnten.
Kleidsamer, freundlicher, ja sogar nicht selten der Form
des Körpers auffallend hübsch angepaßt zeigen sich die
an oberbairische Trachten gemahnenden Gewänder, welche
in Salzburg üblich sind. Oberösterreich weist prächtige
Gestalten auf auch was den Schnitt und die Farbe des
Kleides anbelangt; ähnlich, einerseits in die Salzburger,
andrerseits in die oberösterreichische Form übergehend,
sehen wir die Tracht in den Hochgebirgen Obersteiermarks.

Veranstalten wir einen kurzen Streifzug auf dem
Felde ländlicher Mode in dem Lande Steiermark. Zwar
hat die Mode auf dem Gebiet der Volkstracht gar viel
von ihrem Einflusse verloren, und die Bauern und
Jäger, die Dirnen und Frauen, denen schon vor Jahr-

hunderten Ulrich v. Liechtenstein auf seinen Abenteurer=
zügen im Mur= und Mürzthale begegnete, unterscheiden
sich in ihrem Aeußern ganz unbedeutend von dem
heutigen Bewohner der steirischen Alpen; wie sie in
ihrem Dialecte, der soviel von mittelalterlichen Eigen=
thümlichkeiten behalten hat, in ihren Gebräuchen und
in ihrer Sitte conservativ geblieben sind, so auch in
ihrer Tracht. Nach wie vor werden die derben Stoffe
in dem Hause des Bauern selbst gefertigt und nur zur
Ausschmückung des Kleides hat der Erfindungsgeist
neuer Zeiten Etwas beigetragen. Dies gilt natürlich nur
für die Bewohner solcher Gegenden, welche den Städten
ferne liegen, in die sich bereits der Alles nivellirende
Strom moderner Cultur ergossen.

Wie sich der Boden Steiermarks in zwei Hälften
theilt, von denen die eine vom bairisch=deutschen Stamme,
die andere, kleinere südliche von Vertretern slavischer
Zunge bewohnt erscheint, so hat auch das Kleid im
Süden wie im Norden seinen eigenen Charakter. Nord=
steiermark ist das eigentliche deutsche Gebirgsland, an
die grauen oder gebräunten Felsen erinnern die grauen
oder (selten) braunen Lodenröcke, an die grünen Wal=
dungen und Wiesen der Alpentriften die grünen Strümpfe,
Hosenträger oder grünen Röcke der Männer, welche nur
im rothen Brustlatz, oder in dem hellfarbigen, ebenfalls
gewöhnlich rothen Halstuche eine grellere Farbe an sich
tragen. Nicht minder liebt das weibliche Geschlecht ein
dunkles Kopftuch und einen ebenfalls weniger auffallen=
den grauen, schwarzen oder braunen Rock und vor Allem
eine dunkle Jacke oder ein schwarzes Mieder. Selbst=

verständlich ist eine gewisse Verschiedenheit in den ein=
zelnen Theilen des Anzuges auch in der oberen Steier=
mark nach den kleinen Gebieten oder Thälern des Landes
bemerkbar.

Betrachten wir etwa den Ennsthaler aus dem
nordwestlichen Theile der Mark, wo diese an Oberösterreich
grenzt: Ein grüner Hut mit ziemlich breiter Krämpe
und breitem grünen Bande deckt sein Haupt. Ein
Sträußchen Edelweiß und anderer seltener Alpenblumen,
die gekrümmten, schönen Federn des Schildhahns, wohl
auch die weißen Geierfedern, einst das Abzeichen adeliger
Geburt, und endlich der Gemsbart, aus den borsten=
artigen Rückenhaaren des Gemsbockes zusammengesetzt,
schmücken nicht selten diese Kopfbedeckung. Die Bekleidung
des Körpers besteht aus der grauen Lodenjacke mit
grünem Besatz und grünen Aufschlägen, unter welchen
die breiten, ebenfalls grünen Hosenträger und der bunt=
farbige „Brustfleck" hervorsehen. Nicht minder umschließt
ein breiter Ledergurt die Lenden, und die schwarzen kurzen
„irchenen" (irch, im Mittelhochdeutschen Bock, auch Reh=
oder Gemsbocksleder)Hosen sind zierlich mit Seide aus=
genäht. Grüne Strümpfe mit nett gestrickten Zwickeln
bedecken die Waden, die hohen Bundschuhe sind mit
derben Nägeln und Eisenstücken beschlagen. Auf dem
Wege in's hohe Alpengebiet darf der lange, mit starker
Eisenspitze versehene Alpenstock auch nicht fehlen. So
präsentirt sich der stattliche Bursche ganz prächtig.
Freilich sieht man ihn meist nur Sonn= oder Feiertags
in so vollem Glanze, wie schon der neckische Volksreim
es andeutet:

Mei Bua, der is sauba,
Is sauba von Gsicht,
Aba seg'n mußt 'n Sonntags,
Wann er z'samng'spandelt is.

In jenem Theile des Ennsthales, wo dasselbe sich
schon der Grenze Salzburgs nähert, zumal im Gebiete
des hochragenden Dachsteines bei Schladming, unterscheidet
sich die männliche Tracht von der eben geschilderten
nur durch die Farbe der Strümpfe, welche meist blau
oder weiß sind. „Schladminger Loden", ein grauer,
außerordentlich fester Schafwollstoff wird hier fabricirt
und genießt im ganzen Lande so wie darüber hinaus
eines besonderen Rufes. Da unter den höchsten Gebirgen
an dieser Stelle beim Bergsteigen das nackte Knie
der freien Bewegung wegen von besonderer Wichtigkeit
ist, so finden wir ausnahmslos nackte, von der Luft
gebräunte Kniee bei den Männern, keineswegs sind die=
selben aber in allen Gegenden Steiermarks üblich, viel=
mehr dient es zur besonderen Zierde, wenn im festlichen
Anzuge die weiße Leinenhose zwischen dem grünen oder
grauen Strumpfe und der kurzen Lederhose hervor=
schimmert.

An die wildreichen Gebiete im Salzathal zwischen
Hieflau und Weichselboden, im Umkreise des Hochschwab,
jenes gewaltigen, kolossalen Gebirgswahrzeichens der
Steiermark, so wie im Neuberger Thal erinnert in Allem
und Jedem auch die Volkstracht der Männer, welche
stets diejenige eines Jägers ist; die Lodenröcke sind länger
und weniger zierlich, aber warm und fest anschließend,
die Hüte höher und mehr spitz, besonders hübsch zeigen

sich die feineren, dunkelgrünen Hüte aus Hasenfell, welche das breite, lichter grüne Band ziert und an denen auch der übrige Jägerschmuck, von dem beim Ennsthaler die Rede war, nicht fehlt. Beim Wilderer und beim rauf= lustigen Burschen ist die Schildhahnfeder, deren Krüm= mung sich nach vorne neigt, das Zeichen der Aufforderung zum Ringkampfe oder überhaupt feindlicher Gesinnung und mancher harmlose Tourist, welcher dies nicht wußte, sich in der Tracht des Volkes in die Berge begab und seine Feder „verkehrt" aufsteckte, hat dies zu seinem Nachtheile erfahren. Der Stutzen, die Büchse vervoll= ständigen die Ausrüstung, auch ein brauner oder grauer „Wettermantel" aus Loden, ein einfaches Stück des Stoffes mit einer Oeffnung zum Durchstecken des Kopfes und vortrefflich bei stundenlangem Regen als Schutzkleid zu gebrauchen, fehlen in diesen wie in den anderen Ge= birgsgegenden unserer Alpen selten. Das untere Mürz= thal von Mürzzuschlag bis Bruck zeigt schon manchen städtischen Einfluß im Gewande, es kommen schwarze Hüte, in Fabriken gearbeitete Stoffe, die sogar gemustert sind, bei den Männern nicht selten vor.

Die liebenswürdige Leserin betrachte es als keinen Verstoß gegen die Galanterie, daß bisher von der weib= lichen Kleidung noch nicht die Rede gewesen. Der Charakter derselben ist in den meisten Theilen der Steiermark einander ähnlich. Hauptsächlich macht sich eine gewisse Abwechslung der Kopfbedeckung und der Bekleidung am Obertheile des Körpers bemerkbar. Von den Frauen, insbesondere von den Mädchen gilt besonders der Grundsatz, daß die eigentlichen charakteristischesten Kleidungsstücke anläßlich eines Festtages getragen werden.

Und kimt halt der Kirta (Kirchtag)
Da geh'n wir zum Tanz,
Da wixt si sich z'samma
Recht nett auf'n Glanz.

Im Enns= oder Murthale trägt das „Dirndl“
ein dunkelfärbiges „Röckerl“ und ein buntes „Miederleibl“
(Brustfleck) am Oberleibe, ferner einen dunkeln, faltigen
Rock, weiße oder blaue Strümpfe und „Niederschuhe“;
vor einigen Jahrzehnten noch waren die alten Gold=
hauben, ähnlich den bekannten „Linzerhauben“, bei den
Reicheren, und die gleichgeformten schwarzen Florhauben
bei den Aermeren, eine eigenthümliche Art von Kopfbedeckung
in Helmform mit einem Drahtgestell üblich. Bei alten
Frauen sind sie wohl auch heute noch als Erinnerungs=
stück an die gute alte Zeit zu finden. Breite, niedrige
schwarze Hüte mit Goldquasten sind noch im oberen
Murthale nahe der Grenze Kärntens, schwarze Kopf=
tücher oder Häubchen in den Thälern bei Oberwölz zu
sehen, in vielen Gebieten tragen die Frauenspersonen
auch kleinere Männerhüte, die oft kokett aufgesetzt werden
und nicht übel zu Gesicht stehen; südlich von Graz, im
Sulmthale, ist eine ganz besondere Art von Hüten, der
Sulmthaler „Reindlhut“ im Gebrauch, welcher im
Sommer aus Stroh gefertigt erscheint, eine niedrige
Kappe und sehr breite Krämpen hat. Ein einfaches seidenes
schwarzes Kopftuch, das im Winter mit einem wärmeren
Schafwolltuche vertauscht und unter dem Kinn festgebunden
wird, trägt das weibliche Landvolk im Wechselgebiete zu
einfachen faltenreichen Röcken — Kittel genannt —, eine
zierliche Schürze, häufig auch hohe Stiefel an den Füßen

dürfen nicht fehlen und erinnern letztere an die weibliche Tracht des nahen ungarischen Bodens.

Der prächtigste Menschenschlag Steiermarks wohnt in jenem nordwestlichen Winkel des Landes, den man gewöhnlich als das „Ausseer Landl" bezeichnet. Hier finden wir eine besonders geweckte und intelligente, aber auch hübsche Landbevölkerung, stramme, hochgewachsene Burschen und Männer neben auffallend schönen Mädchen und Frauen und reizende Kinderfiguren. Selten, beinahe nie begegnet man in Aussee, am Grundlsee oder in Altaussee einem unschönen Gesichte, einer schlecht gewach= senen Gestalt der einheimischen Bevölkerung. Und in diesem Gebiete ist es auch, wo die Tracht des Volkes am schönsten und charakteristischesten zu Tage tritt. Der kurze graue Lodenrock mit grünen Aufschlägen, die schwarzen kurzen Lederhosen, die grünen Strümpfe und hohen nägelbeschlagenen Schuhe stehen diesen schön ge= wachsenen Männergestalten mit dem offenen, freien Antlitz besonders gut, der etwas höhere grüne Hut mit Gemsbart und Spielhahnfeder vervollständigen das Costüm, welches an Sonn= oder Wochentagen sich gleich bleibt und nur etwa bei festlichen Gelegenheiten bessere Stücke aufweist. Besonders reizend sind die Mädchen= und Frauengestalten, ein hier weißbunter, nicht allzulanger Rock, das knappe gewöhnlich schwarze Mieder, Bundschuhe, und weiße Strümpfe, ein lose um den Hals gelegtes, über die Brust hinabreichendes Tuch, machen die Bekleidung aus, zu der auch die weißen faltigen, bald längeren, bald kürzeren Hemdärmel und die gewöhnlich weiße Schürze gehören, während das gelockte oder in Zöpfe geflochtene Haupthaar

von einem grünen Steirerhute oder von dem schwarzen
Seidentuche, welches nach Salzburger Art rückwärts in
einen Knoten mit zwei breiten Flügeln geschlungen wird,
halbverdeckt ist. Mehrfache Silberketten mit breiter
Schließe zieren den Hals. Die ärmere Bevölkerung,
sowohl männlichen als auch weiblichen Geschlechtes trägt
wohl auch an Wochentagen bei der Arbeit Holzschuhe.
Der ärmliche Holzschläger, der jene herrlichen Berge
um Aussee durchziehende Jäger, selbst der Köhler im
Walde, jeder bietet eine charakteristische Gestalt, welche
originell und geschmackvoll, wenn auch oft ärmlich gekleidet, erscheint. Den hübschen „Dirndln“ von Aussee
ist auch das „Schnadahüpf'l“ gewidmet, welches daselbst
häufig ertönt und lautet:

> Das Ausseer Salz,
> Von der Alm das guat' Schmalz
> Und der steirische Wein
> Macht die Dirndln so fein.

Von den Ausseer Volkstrachten hat der vielgereiste
geschickte Photograph M. Moser in Aussee eine Reihe
von Originalaufnahmen veranstaltet, welche sehr inter-
essante steirische Trachtenbilder bieten. In der Gegend
von Aussee, sowie in entlegenen Gebirgsthälern Steiermarks findet sich noch vereinzelt die eigenthümliche
altsteirische Tracht, welche man bei alten Leuten auf
dem Lande noch hie und da findet. Die Männer trugen
seit dem vorigen Jahrhundert den breitkrämpigen grünen
Filzhut mit niedriger runder Kappe, den langen grünen
Lodenrock mit zwei Reihen Knöpfen und die rothe Weste
noch bis in die letzten der Dreißiger-Jahre unseres Jahr-

hundertes, die Frauen den hohen breitkrämpigen weißen
Hut auf dem Kopftuche oder im Winter eine Pelzmütze,
dazu die dunklen Röcke und starkgefütterten Joppen,
welche am Oberarme weit waren und einen Wulst auf
der Achsel bildeten. Uebrigens wird von älteren Frauen
die gefütterte Joppe mit dem erwähnten Wulst noch
häufig in Aussee, im Enns- und Paltenthale, ja selbst
im Mur- und Mürzthale getragen. Die breitkrämpigen
grünen Hüte der Männer und ihre grünen Tuch- oder
Lodenröcke mit langen Schößen, welche insbesondere von
ältern Leuten beibehalten wurden, werden bald, und mit
ihnen mehrere der bezeichnendsten Trachtenstücke älterer
Zeit, ganz verschwunden sein.

Wenn auch nur kurz, so müssen wir zu Vervoll-
ständigung dieser Skizze noch einen Blick auf die Trachten
der südlichen Steiermark werfen. Sie erinnern an die
slavischen Trachten von Krain und Croatien in mehr als
einem Stücke. Die Männer tragen entweder weiße weite
Beinkleider, Halbstiefel und ein Hemd, welches von einem
Gürtel zusammengehalten wird oder in der kühleren Jahreszeit eine mit Schnüren verzierte blaue Tuchhose und eine
kürzere Jacke (Suknica), wohl auch einen längeren Rock
(Sukna) aus weißem oder blauem Tuchstoffe. Rothe und
gelbe Verzierungen und Aufschläge sind am Kragen und an
den Aermeln angebracht. Auch enge Beinkleider und hohe
Stiefel kommen vor, den Kopf deckt ein schwarzer Hut.

Was die Frauenkleidung anbelangt, so ist besonders das große, weiße spitzenbesetzte Tuch, welches Kopf
und Brust bekleidet, im Süden Steiermarks charakteristisch.
Dieses Tuch taucht schon in den deutschen Gegenden

von Gnas und Mureck auf und ist im südlicheren, slavischen Gebiete allgemein gebräuchlich. In letzterem ist es reichlicher mit Spitzen besetzt oder mit einer rothen Bordure eingefaßt. In der deutschen Volkssprache heißt dieses Tuch „Gugl" oder „Hader". Das Leibchen mit kurzer Taille und der dunkle Faltenrock, welche die weibliche Tracht Südsteiermarks vervollständigen, haben nichts Auffallendes. Stiefel werden auch von Frauen häufig getragen. Den Leib umschlingt ein Metallgürtel, an dem ein Taschenmesser hängt.

Am reichsten geschmückt sind Männer und Frauen bei der Hochzeit, und an einem solchen Ehrentage kann man im nördlichen wie im südlichen Theile des Landes die Trachten am besten kennen lernen; auch Schmuck= gegenstände, Bänder und Schleifen, alte kostbarere Ge= wandstücke u. dgl. werden bei solchen Gelegenheiten zur Schau getragen. Jedenfalls bleibt die einfache Jagdkleidung des Obersteirers, welche ja zugleich seine Nationaltracht ist, und in der auch unser Kaiser Franz Joseph stets an den Jagden in den steierischen Bergen theilnimmt, die schönste, kleidsamste, und bewährteste.

Verlobung und Trauung in Steiermark.

Die hochzeitliche Feier, eines der wichtigsten Feste im menschlichen Lebenslaufe, weist in Steiermark, abge=
sehen von den üblichen kirchlichen Ceremonien, eine Reihe von Gebräuchen und Eigenthümlichkeiten auf, welche schon in den Einleitungen, die zum Knüpfen des ehelichen Bandes getroffen werden, hervortreten. Die Gebräuche finden sich natürlich nur bei der Landbevölkerung selbst, hier aber sind dieselben seit Jahrhunderten unverändert geblieben und eine zusammenhängende Darstellung der= selben dürfte dem Freunde unseres grünen Alpenlandes ebenso willkommen sein als dem Culturforscher, der in vielen dieser Uebungen Spuren aus längstvergangenen Tagen finden kann.

Als Hauptschauplatz der folgenden Skizze möge man das Gebiet des Mittellandes, die Gegend um Stainz, Eibiswald, Mureck, Wildon und Leibnitz betrachten. Uebrigens sind bis auf wenige Abweichungen die Sitten des deutschen Theiles der steirischen Bevölkerung in dieser Beziehung zumeist einander in der Hauptsache ähnlich.

Ueberall gilt jedenfalls das aus Hitzendorf stammende Sprichwort:

Die erste Ehe ist von Gott,
Die zweite Ehe ist aus Noth,
Die dritte Ehe aus Uebermuth,
Die vierte Ehe thut gor koan Gut.

Ausnahmen von dieser Regel muß man selbstver=
ständlich gelten lassen.

Wir leben in einer nüchternen, klugen Zeit, und
so sind es, wie überall, so auch in unserer Steiermark
meistens praktische, pecuniäre Interessen, welche die Braut=
leute zusammenführen. Von der künftigen Hauswirthin,
welche die bald umfangreiche, bald kleinere Bauernwirth=
schaft zu führen hat, wird verlangt, daß sie diese Füh=
rung versteht, wohl auch einiges Vermögen besitzt. Die
Romantik einer Heirat aus Liebe findet sich bei den
steierischen Landleuten immer seltener. Niemals geht der
junge Mann selbst werben, sondern, wie in vielen anderen
Gebieten Deutschlands, besorgt dies der Brautwerber, in
ganz Steiermark „Bittelmann“ genannt. Oefter kommen
auch zwei „Bittelleute“ vor. Es sind gewöhnlich ältere
Freunde des Hauses, die sich zu den Eltern des Mädchens
begeben und oft mit scheinbar großer Verwunderung von
diesen empfangen werden. Die Angelegenheit zwischen
dem „Bittelmann“, den Eltern und dem Mädchen findet
jedoch zumeist ihren gewünschten günstigen Abschluß, zu=
mal man einer günstigen Antwort schon in Vorhinein
gewiß ist.

Hat der Bittelmann die Zusage empfangen, so
wird ein Tag verabredet, an welchem die Braut mit
ihren Eltern und etwa noch einigen Freunden des Hauses
zum Hause des Bräutigams auf die „Bschau“ geht, das
heißt sich den Stand seiner Wirthschaft, der Gebäude,
seines Kellers und Stalles beschaut. Natürlich wird der
Bräutigam für diesen Fall Alles auf's Glänzendste her=
ausputzen, und es kommt sogar vor, daß er bei Nach=

barn sich besonders schöne Stücke leiht, um sie als die
seinen auszustellen. Hier werden nun die besonderen
Punkte wegen der Mitgift ganz in Ordnung gebracht,
und dann erfolgt das „Versprechen", die eigentliche Ver=
lobung. Sowohl bei der „Bschau" wie auch beim „Ver=
sprechen" geht es ohne ein Mahl nicht ab, an dem „Ver=
sprechmahl" nehmen jedoch nur die Brautleute, die zwei
„Beistände" — meist sind dies die Bittelleute — und
die beiderseitigen Eltern Theil.

Alsdann werden beim Pfarramte die nöthigen
Schritte eingeleitet, und das Brautpaar begibt sich einige
Male zum Geistlichen, um über die religiöse Bedeutung
der Ehe, welche ja nach katholischem Glauben ein Sacra=
ment ist, genau unterrichtet und geprüft zu werden.
Nachdem dies geschehen, erfolgt die Einladung zur Hoch=
zeit durch den „Hochzeitlader". Dieser ist eine wichtige
Person; in festlichem Gewande, einen Haselstock in der
Hand, am Rocke und Hute einen gewaltigen Blumen=
strauß mit flatternden rothen Seidenbändern, begibt er
sich zu Allen, welche eingeladen werden sollen, und da
diese oft stundenweit aus einander wohnen, so muß er
häufig schon vierzehn Tage vor der Hochzeit mit den
Einladungen beginnen. In jedem Hause, in das er ent=
sandt wird, spricht er seinen Ladungsspruch, welcher seine
bestimmte Formel hat. In Obersteier ist er nicht selten
in Reimen abgefaßt, im Mittellande lautet er etwa:

„Grüaß Gott, meine liebn Leut! J kimm mit aner
schian Bitt. Seids denna so guat, thuats den Braut=
leuten den Gfalln und die christliche Liab erweisen und
thuats es an ihrn Ehrntag in die Kirch zum Gottsdienst

begleiten. 's Frühſtück is beim . . . . =Wirth, Kirchn gehn
ma um a neuni; die Kubalazion wird um alſi und aſt
ha ma a kloans chriſtlichs Mahl beim . . . . 's Eſſn wird
ganz kloan ausfalln. A Suppn, a Stückel Fleiſch, an
Krapfen — ſiſt nix. Es wird a ſchiani Hoazat werdn;
denn es kemmen daheifti Freund zſamm."

So lautet einer der kürzeſten Sprüche. Sehr bemer=
kenswerth iſt es, daß keineswegs, wie zumeiſt in Ober=
Steiermark, die Gäſte immer unentgeltlich bewirthet werden;
denn es gibt „Schenkhochzeiten", wobei die Brautleute
das Mahl beſtreiten, und „Zahlhochzeiten", wo dies die
Gäſte aus eigenem Sacke thun. Es iſt ebenſo komiſch
wie begreiflich, daß zu letzteren Hochzeiten viel mehr Gäſte
geladen werden, als zu erſteren.

Wichtige Perſonen unter den Geladenen ſind die
„Beiſtände" (Zeugen), die „Brautführer" und die „Kranzel=
jungfrauen", welche letztere beſonders gute Tänzerinnen
ſein müſſen.

Inzwiſchen iſt der eigentliche Hochzeitstag herein=
gebrochen. Bräutigam und Braut ſind feſtlich gekleidet.
Erſterer trägt Sträuße künſtlicher Blumen an Hut und
Rock, welche lange Seidenſchleifen haben, während die
Braut ein Myrtenkranz ſchmückt; ihr Rock iſt dunkel,
meiſt ſchwarz, da ein lichtes Hochzeitsgewand nicht für
anſtändig gilt; rothe Seidentücher, als Halstuch beim
Bräutigam und als Buſentuch bei der Braut, ſind ſehr
beliebt

Das Hochzeitsfeſt beginnt nun mit einem luſtigen
Frühſtück. Strudel, Knödel (Klöſe) mit Schweinefleiſch,
Rindfleiſch, Suppe, Kraut und dergleichen werden ſchon

hier verabreicht, und die Vorliebe des Steiermärkers,
viel zu essen, tritt dabei ergötzlich hervor; fehlen dürfen
hier nicht die „Krapfen", in Fett gebackene Teigballen,
welche die sonst unter dem Namen Krapfen bekannte Mehl=
speise an Größe wohl um das Vierfache überragen. Nach
dem Frühstück erfolgt unter Vortritt der Musikanten der
Zug zur Kirche, an dem alle Geladenen, die Männer
mit Sträußchen am Hute geschmückt, theilnehmen; in der
Kirche selbst schreiten die Brautleute mit den Beiständen
und Kranzeljungfern voran; die Männer schließen sich
ihnen an, und den Schluß bilden die Frauen und
Mädchen.

Vor Allem wird in der Kirche nun großer Gottes=
dienst, ein „Hochamt", abgehalten, und interessant ist es,
daß mitunter beim Offertorium irgend ein von alters=her
überkommenes Lied eingeschoben wird, das auch die
Kirchengeher mitsingen. Diese Lieder kann man den wirk=
lichen echten Volksliedern der deutschen Steiermärker bei=
zählen. Hier die erste Strophe eines solchen Hochzeitsliedes:

„Zur Hochzeit, zur Hochzeit, kommt alle frommen Gäst',
Ach eilet, nicht weilet, nur keiner sei der Letzt',
Weil Jesus sich selbst ladet ein, der wahre Gast,
Maria auch, die Jungfrau rein,
Ladet sie auch zur Hochzeit ein;
Zur Hochzeit, zur Hochzeit, kommt alle frommen Gäst'."*)

Die Brautleute communiciren während des Gottes=
dienstes, und nach demselben erfolgt die eigentliche Trauung,

*) Man findet das Lied vollständig in des Verfassers Sammlung:
„Deutsche Volkslieder aus Steiermark." (Innsbruck 1841.) Es ist in vielen
Theilen Steiermarks gebräuchlich.

wobei selbst dem armen Manne der „Johannissegen“
nicht fehlen darf; es ist dies jener Trunk Weines, den
nach vollzogener Copulation der Priester und jeder Gast
auf das Wohlsein des Brautpaares noch in der Kirche
zu sich nimmt, und die Flasche mit Wein, welche Jeder
schon im Voraus hierzu erhielt, ist von sehr bedeutender
Größe. Sie muß ausgetrunken werden. Der Priester
trinkt zuerst mit den Worten: „Auf das Wohl des
Bräutigams!“ sodann auf das Wohl der Braut.

Dieser „Johannissegen“ ist zweifellos eine Erinne=
rung an den alten germanischen Minnetrunk, der in's
christliche Zeitalter mit herüber gebracht wurde und dessen
Name durch jene Erzählung vom vergifteten Weine erklärt
wird, den, der Legende nach, der Evangelist St. Johannes
segnete und, ohne daß ihm das Gift etwas geschadet
hätte, austrank.

Unmittelbar nach der Trauung begibt sich die
„echte“ Kranzeljungfer — als solche gilt nur eine, die
auch ihren Myrtenkranz bis zu Ende der Hochzeit auf
dem Kopfe behalten muß — mit einem Teller, auf dem
sich drei Krapfen befinden, zwischen welchen ein Thaler
oder zwei Guldenstücke liegen, in die Sacristei und bietet
diese Gabe dem Geistlichen dar; ähnlich, natürlich mit
geringerer Gabe, wird der Meßner bedacht.

Der nun aus der Kirche kommende Zug, an dessen
Spitze der junge Mann mit den Kranzeljungfern einher=
schreitet, begibt sich in's Hochzeitshaus, gewöhnlich in ein
Gasthaus. Auf dem Wege begleiten die jungen Bursche den
Zug, wie schon auf dem Gange in die Kirche, mit Jauchzen
und Pistolenschüssen, ja öfter werden auch Pöller abgefeuert.

11*

Im Hochzeitshause mit dem Zuge angekommen, muß die Braut, zum Zeichen ihrer Würde als Hausfrau, zuerst das Kraut salzen, eine Ceremonie, die mit einem guten Trinkgelde für die dabei mitfungirende Köchin verbunden ist. Vorher findet jedoch noch das „Brautstehlen" statt; lustige Bursche suchen nämlich die junge Frau gewaltsam zu entführen, und gelingt es ihrem Manne nicht, die Entführte rechtzeitig zu erhaschen, so muß er sie durch Bezahlung einer Weinzeche an die Burschen auslösen. Uebrigens kommt hier und da auch ein „Bräutigamsstehlen" vor — dann haben die Kranzeljungfern jene Zeche zu zahlen.

Nach diesem spaßhaften Intermezzo begibt sich die Gesellschaft — es ist gewöhnlich schon späterer Nachmittag geworden — zum eigentlichen „Hochzeitsmahle". Da pflegt es eine stattliche Tafel zu geben; am Tische sitzen obenan Bräutigam und Braut, Hochzeitsvater und Beistände, und während das Mahl eröffnet wird, ertönen draußen Böllerschüsse, die sich, sobald der Braten aufgesetzt wird, wiederholen; da das Essen und Trinken, begleitet von der fröhlichsten Stimmung, nun stundenlang dauert, so wird vom jungen Volke dazwischen tüchtig getanzt. Als Braten darf ein Spanferkel bei diesem Mahle nie fehlen.

Dies ist auch der Zeitpunkt zur Aufführung eines Tanzes, der ein ganz besonderes Interesse in Anspruch nimmt und wenn auch nur mehr vereinzelt, noch in einigen Gegenden des Mittellandes der Steiermark vorkommt, nämlich des sogenannten „Gugelhupftanzes". Gugelhupf heißt bekanntlich jene Gattung von Gebäck, das der Nord-

deutsche Napfkuchen nennt. Es liegen bei den Hochzeiten
„Gugelhupfe" bereit, welche so geformt sind, daß man
sie wie eine Mütze auf den Kopf setzen kann, solche
Gugelhupfe werden rings mit brennenden Kerzen besetzt;
die Kranzeljungfern befestigen dieselben auf dem Kopfe,
und tanzen damit so lange herum — gewöhnlich wird
zum Tanze der Steirische gewählt — bis die Kerzen
niedergebrannt sind.

Es ist vielleicht in diesem Tanze der Rest eines
jener uralten Gebräuche zu suchen, deren so viele in den
Sitten des Landvolkes verborgen sind. Die brennenden
Kerzen dürften auf einen altgermanischen Cultus der Freya
(Freyja), der Liebes= und Erdgöttin hinweisen, wie denn
mehrfach gelehrte Alterthumsforscher die üblichen Johan=
nis=, Oster= und Maifeuer mit dem Cultus dieser Göttin
in Verbindung gebracht oder aus demselben hergeleitet
haben. Die brennenden Lichter auf den Kuchen der er=
wähnten Tänzerinnen bei Hochzeiten scheinen somit im
Zusammenhang mit einem Feueropfer zu stehen, das
dieser Göttin in der Vorzeit gebracht wurde. Auch das
Gebäck selbst, welches aus den Früchten der Erde erzeugt
wurde, dürfte auf die Erdgöttin Freya hindeuten. Nach=
dem der Tanz vorüber ist, wird der Gugelhupf wieder
abgesetzt, der Wirth zerkleinert denselben, und die Stücke
werden nun den Hochzeitsgästen vorgesetzt. An manchen
Orten des erwähnten Gebietes wird diese Ceremonie
einigermaßen abweichend von dem geschilderten „Gugel=
hupftanze" geübt. Während des Hochzeitmahles erlöschen
nämlich plötzlich die Lichter, die Musik beginnt einen
„Extra=Marsch" oder „Tanz" und die Aufträgerinnen

der Speisen tanzen, letztere geschickt auf dem Kopfe
balancirend, zur Thür herein. Gebäck, Spanferkel und
Schweinebraten, ja sogar wohl auch eine Flasche Wein
sind mit brennenden Lichtern geziert und werden sodann
alle Speisen dem Brautpaare gewöhnlich mit alten Spruch=
formeln, welche die Aufträgerinnen hersagen, vorgesetzt.
An diesen Lichtern zündet man sodann auch die übrigen
Kerzen an und das Mahl nimmt seinen weiteren Verlauf.

Was das Tanzen bei der Hochzeit anbelangt, so
harrt noch eine besondere, nicht eben leichte Aufgabe des
Brautführers und der Kranzeljungfer: der Erstere hat
nämlich dafür zu sorgen, daß er mit jeder der einge=
ladenen älteren Frauenspersonen ein Tänzchen macht —
so erfordert es die gute alte Sitte; die „echte" Kranzel=
jungfer aber hat ihrerseits alle älteren Männer hervor=
zusuchen, die sich unter den Eingeladenen befinden, und
mit diesen zu tanzen. Noch war in früherer Zeit der
„Ehrentanz" üblich, wobei der Brautführer gegen Ende
des Mahles, den geschmückten Hut auf dem Kopfe, vor den
Hausvater trat und in einer langen wohlgesetzten, gereimten
Rede um die Gestattung eines Ehrentanzes mit der Braut
bat. Aus dieser Rede hier einige Zeilen als Probe:

„Wir hörten die Musik erklingen
Und sahen die Jungfrau Braut zur Thür hereinspringen —
Auf dieselbe thät ich mich spitzen;
Sie wird gewiß nicht weit vom Herrn Hausvater sitzen.
So thu ich denn jetzt gar studiren;
Ich möcht sie gern auf den Ehrentanz führen,
Wenn der Herr Hausvater sie möcht erlauben, möcht ich
                    ihm spendirn
Ein Paar Ochsen und auch einen Baum voll Birn ꝛc."

Nachdem ihm der Ehrentanz zugesagt war, trat er denselben mit der Braut an.

Zum Schluß sei noch des „Bschoad=Essens" (Be= scheid = Essens) gedacht, dessen schon auf S. 147 Er= wähnung geschah. Es herrscht nämlich in Steiermark die Sitte, daß sich jeder Gast einen Theil des übrig gebliebenen Essens mit nach Hause nimmt, um sich am nächsten Tage daran zu delectiren. Dieses „Bschoad=Essen" zählt zu den originellsten Uebungen bei steiermärkischen Hochzeiten, deren Gebräuche, wie aus dem Vorhergehenden ersichtlich, vielfache Aehnlichkeiten mit den diesbezüglichen Sitten auf schwäbischem, fränkischem und allemannischem Boden, sogar mit denen in Schlesien, Mecklenburg und in anderen nördlichen deutschen Ländern aufweisen. Nur ein Gebrauch wie das „Gugelhupftanzen" ist dem Verfasser dieser Zeilen bisher noch nirgends anderwo begegnet.

Freilich — nicht auf allen Hochzeiten geht's lustig und üppig her; nicht alle haben wohlbesetzte Tafeln auf= zuweisen, aber gewisse althergebrachte Gebräuche werden kaum bei einer einzigen außer Acht gelassen. Die ärmere Braut ist übrigens gottlob! meistens ebenso heiter, wie die reiche, und das Volkslied läßt wohlgemuth das un= bekümmerte Mädchen singen:

„A gscheckts Paar Oxen
Und a schneeweißi Kuah,
Das gibt mir mein Voter,
Wenn i heiraten thua."

Spiele und Volksbelustigungen in Steiermark.

Das Gebiet des fröhlichen Scherzes und heiteren Spieles ist es, welches in den nachfolgenden Zeilen, so weit es sich auf unser Alpenland bezieht, in einigen Zügen geschildert werden soll. Fern von den raffinirten Genüssen des modernen Lebens sucht der einfache Landbewohner seine Erholung und seine Lust an den bescheidenen Vergnügungen, welche ihm sein Dorf bietet, der Aelpler, welcher die Woche über nicht selten unter der Last der Arbeit geseufzt und die Dirn, welche nicht minder sechs Wochentage hindurch für kärglichen Lohn den gar oft so harten Dienst verrichtet, der Jäger, der auf den schroffen Zinken des Gebirges das Wild verfolgt und wohl unter Lebensgefahren erlegt und alle die Vertreter jener dem Alpenlande eigenthümliche Berufsclassen versammeln sich gern am Sonn- oder Feiertage im Dorf oder auf einem freien Platze und mit den einfachsten Mitteln suchen und finden sie jene Unterhaltung, die der Städter an jedem Wochentage verachten würde und die dennoch für den einfachen Sohn des Gebirges nicht selten schon lange vorher das Ziel seiner Wünsche bildet.

Aber die Spiele der Berg- und Landbewohner haben noch ihre ganz besondere Seite, wenn man die demselben eigenthümlichen Belustigungen in Betracht zieht. Im Spiele zeigt ja hier der Bursche und der Mann des Gebirges seine Gewandtheit oder seinen Witz, er zeigt

in diesen Spielen Kraft und Gelenkigkeit und hat mehr
als genug Gelegenheit, Proben hiervon abzulegen.

Man sieht am Sonntag Nachmittag im Dorfe oder
im größeren Hofraum des Dorf- oder Alpenwirthshauses
öfter eine Gesellschaft von Männern, welche große Kugeln
in der Hand des Kegelsspiels pflegen. Das Kegeln
ist eines der ältesten germanischen Spiele, schon vor
Jahrhunderten geübt, war es zweifellos mit mehr Kraft=
aufwand in jener Zeit verknüpft als heutzutage. Daran
erinnert das Spiel des Obersteirers, sowie auch des Kärnt=
ners, welches mit großer Vorliebe gepflogen wird; denn
wenn man auch eigentliche gestreckte Bahnen, wie sie ja
überall bekannt, und auch von Stadtbewohnern gern be=
nützt sind, häufig antrifft, so spielt der Oberländer doch
am liebsten das „Schmaraggeln“ oder „Schmiraggeln“
mit etwa kopfgroßen Kugeln. Diese werden mehr geworfen
als geschoben, gewöhnlich auf einem freien Platze, in
dessen Mitte die Kegel aufgestellt sind. Oft sind diese
Kugeln wegen des leichteren Anfassens noch mit Ver=
tiefungen versehen. Die Gesellschaft theilt sich dabei in
zwei Parteien, welche gegeneinander spielen, die Kugel
wird von vier Seiten aus geworfen und zwar auf
eine viel kürzere Distanz als beim gewöhnlichen Schieben
auf der Bahn. Diese Distanz dürfte etwa 5 Meter be=
tragen. In Kärnten heißt dieses Kegelspiel wohl auch
„Stechen“, in Salzburg und Oberösterreich, wo es eben=
falls vorkommt, „Platzkegeln“; als „Schmaraggeln“ ist
es in ganz Steiermark bekannt. Das Kegelspiel ist auch
in den Alpenländern jedenfalls eine der ältesten Volks=
belustigungen. Erzählt doch die Sage schon von jenem

grausen Kegeln der Bergknappen vom Silberbergwerk zu
Zeiring in Obersteiermark, welche in ihrem Uebermuthe
einem Kinde, das harmlos ihrem Spiele zusah, mord=
lustig das Haupt abgeschlagen und in die Kegel hinein=
gerollt. Dieses Kindeshaupt habe aber alle Neun zusammen
gerafft und die Mörder der Zorn des Himmels ereilt,
denn ein altes Mütterchen, welches mit dem Kinde ge=
kommen, das „beugt sich", nachdem die grause That
geschehen

       und streuet Kies und Erd'
Im Kreis umher mit fremder Geberd',
Und murmelt einen furchtbaren Spruch,
D'rin jedes Wort ein zehnfacher Fluch!

Da stand entsetzt mit sträubendem Haar'
Noch lachender Miene die bleiche Schaar;
Die Alte jedoch im grauen Gewand
Wie Sturmgewölk am Gebirg verschwand.

Und als im Berg' am Werkeltag
Ertönt der erste Hammerschlag,
Erbebt der Grund und mit Donnergebraus
Stürzt Schacht und Stollen in Nacht und Graus·"

K. G. R. v. Leitner.

Diese Begebenheit wird in das Jahr 1128 verlegt.
Seitdem aber habe man in Zeiring keine Spur mehr
von dem Bergwerke und von dem reichen Silbersegen,
ja nicht einmal die Stelle, wo das Bergwerk lag, gefunden.

    Wenn die sommerlichen und die letzten schönen
Herbsttage vergangen sind, die Häupter der Berge schon
lange verschneit in's Thal blicken und Bäche und Flüsse,
zuletzt auch die Seen mit der harten Eisdecke überzogen

erscheinen, hat das „Schmaraggeln" im Freien aufgehört.
Dafür ist ein anderes armstählendes Spiel an dessen
Stelle getreten: das „Eisschieben" oder „Eisschießen".
Auf der spiegelglatten Eisfläche fliegt dann der „Eis-
stock", ein rundes Holzstück, welches unten geglättet und
oben mit einem Stiele, einer Handhabe zum Anfassen,
versehen und sehr schwer ist, über den eisigen Spielplatz,
vom Jubel der Spieler und Zuschauer begleitet. Auch
bei diesem winterlichen Spiele ist die Gesellschaft in zwei
Theile getheilt; eine Kugel oder ein Holzstück, die „Taube"
genannt, bezeichnet in der markirten Bahnlinie den Punkt,
welchen Jeder zu erreichen strebt; wer diese „Taube" mit
dem „Stock" noch weiter hinauszuschieben vermag, hat
damit einen bedeutenden Vortheil errungen. Das Eisschießen wird nicht nur auf dem flachen Lande von der
bäuerlichen Bevölkerung, ebenfalls schon von altersher
gepflegt, es hat sich schon längst in den Städten und
Märkten auch unter der gebildeten Classe der Bevölkerung
eingebürgert, und man sieht auf der Eisbahn nicht selten
den „Herrn Bezirksrichter", den „Herrn Forstmeister",
den „Herrn Pfarrer" nebst den übrigen „Herren" des
Marktes wacker dieser Gattung von Eissport huldigen,
daß zur Kräftigung auch hier manches Glas Bier oder
gar feurigen Weines dient, ist selbstverständlich. In einem
Städtchen ist es beim „Eisschießen" sogar vorgekommen,
daß der Haberbauer, nachdem er fünf oder sechs Stunden
geschossen, seine üblichen zwei Liter Wein zahlen wollte,
aber vor lauter Spieleifer nicht einen Tropfen getrunken
hatte. Ein Fall, der freilich in den Annalen jenes Ortes
einzig dastehen soll.

Ein besonderes Spiel mit Kugeln, das „Kugel=
schlagen" ist in Kärnten lange gebräuchlich gewesen;
es kommt hier und da in den an Kärnten grenzenden
Gebieten Steiermarks ebenfalls, jedoch nur selten mehr
vor. Hierzu wird eine Beinkugel von mittlerer Größe
und ein starker Prügel benützt. Nachdem eine bestimmte
Zeit festgesetzt wurde, etwa eine halbe oder eine ganze
Stunde, schlägt jeder der Mitspielenden seine Kugel, wie
einen Ball, in derselben Wegrichtung immer weiter fort,
und wer die wenigsten Schläge thut und die Kugel
auf der Strecke am weitesten zu werfen vermag, ist der
Sieger.

Hat man es in den bisher geschilderten Belustigungen
zumeist mit solchen zu thun, welche der männlichen Bevöl=
kerung Gelegenheit geben, Geschicklichkeit, Kraft und Ge=
wandtheit zu erproben, so bieten das „Hahnschlagen"
und das „Hefenschlagen" volksthümliche Spiele,
an denen sich auch die Mädchen, ja selbst Kinder bethei=
ligen. Mit dem ersteren Spiele ist etwas Grausamkeit
verknüpft. An einem festen Pflocke wird zu diesem Behufe
ein Hahn mit einer längeren Schnur angebunden;
Jung und Alt, wohl auch einige Musikanten stehen im
Kreise herum und es gilt nun, mit verbundenen Augen
den armen Vogel niederzuschlagen, der natürlich erbärm=
lich geängstigt hin= und herflattert. Den Mädchen und
den Burschen werden nun abwechselnd die Augen ver=
bunden und jedes macht seine bewilligten Streiche, welche
kniend geführt werden müssen. Wer den Hahn erschlägt
bekommt den ausgesetzten Preis, der Hahn selbst wird
als Braten vom Sieger, der auch wohl einen größeren

Schmaus veranstaltet, verspeist. Daß dem darauffolgenden
Schmause noch manche andere Hähne und Hennen nicht
selten zum Opfer fallen, ist sehr leicht begreiflich. Tanz
und Lustbarkeit dauern dann wohl bis in den grauenden
Morgen hinein und des Drehens und Schwenkens beim
„Steirischen" oder „Ländler" scheint kein Ende. In
ähnlicher, jedoch humanerer Weise vertritt beim „Hefen=
schlagen" die Stelle des Hahnes ein alter Topf, der dem
Pflock aufgestülpt wird. Derjenige, welcher zum Schlagen
gelangt, wird aber zuerst einigemale im Kreise gedreht,
um die Orientirung zu verlieren.

Da beim Gebirgsvolke die Rauflust insbesondere
in manchen Gegenden in hohem Grade vorhanden ist,
so muß man auch das hie und da übliche Ringen zu
einer Art von gymnastischen Volksbelustigungen zählen,
wobei freilich mitunter ein böses Ende eintritt. Die
Tiroler „Robler" haben ja in dieser Beziehung einen
gewissen Ruf, aber auch im steirischen Oberlande, so z. B.
in den Gebirgen bei Judenburg gehören Ringkämpfe
der Burschen zu den Vergnügungen des Volkes; in
Kärnten üben sich nach dem Gottesdienste die jungen
Leute im Ringkampfe oft sogar auf dem Kirchplatze, und
es soll dies daselbst ein uralter, stets gepflegter Brauch
sein, gegen den weder die Behörde, noch geistlicher
Zuspruch etwas ausrichten. Eigentliche Roheiten kommen
übrigens dabei selten vor und jedenfalls dient dieses
Spiel als tüchtige Kraftübung. Wenn ein Bursche erwar=
tungsvoll in dem Kreise von Ringern, der sich um ihn
gebildet hat, umherblickt und ihm in Bezug auf die
Federn am Hute, das Zeichen der Herausforderung, der

Ruf entgegen tönt: „Was kosten die Federn?" (dies ist
die Formel der Herausforderung), ruft der Erstere: „Faß
an." Rasch haben sich dann beide Gegner umschlungen
und das Ringen währt nun so lange, bis Einer den
Andern niedergeworfen hat. Früher gab es förmliche
Wettringen, die an bestimmten Orten stattfanden und
zu denen sich Burschen aus den entferntesten Gegenden,
sowie zahlreiche Zuschauer einfanden, so daß damit ein
förmliches Fest verbunden war. Einer gewissen Beliebt=
heit erfreut sich auch das „Sacklaufen", welches auf die
bekannte, auch in vielen Gegenden Deutschlands übliche
Weise stattfindet. Zu den volksthümlichen Spielen sind
auch der „Schwerttanz" und der „Reiftanz" zu zählen,
Tänze, welche unter Hersagen gewisser Formeln mit
Säbeln oder Reifen ausgeführt werden. Da dieselben
jedoch schon einen gewissermaßen dramatischen Charakter
haben, der Reiftanz überdies oben Seite 100 besprochen
wurde, so genüge es an der Erwähnung dieser alter=
thümlichen Belustigung.

 An dieser Stelle müssen wir nun vor Allem jener
Belustigung unseres Alpenvolkes gedenken, welche in irgend
einer Weise bei allen Völkern üblich ist, nämlich des
T a n z e s überhaupt! Der Steiertanz hat ja einen fast euro=
päischen Ruf! Wie schwingen sich im melodischen Drei=
vierteltanze des „Steirischen" die Paare, bald vorwärts,
bald rückwärts, bald im Kreise sich drehend, dann wieder
mit den Fingern schnalzend oder mit den Händen
klatschend. Nicolaus Lenau hat in seinem Gedichte „Der
Steirertanz" diesen lebendig geschildert:

„Er ist der beste Schütze
Und ist der feinste Tänzer
Von diesen Burschen allen.
Wie er die schöne Dirne
So leicht und sanft und sicher
Im frohen Kreise tummelt.
Uns läßt das lust'ge Paar
Hintanzen vor den Augen,
Harmonischer Bewegung,
Ein freundlich Bild des Lebens.
Er reicht dem lieben Mädchen
Hoch über ihrem Haupte
Den Finger, und sie dreht sich
Um seine Faust im Kreise,
Die Anmuth um die Stärke.
Er tanzt gerade vorwärts
In edler Manneshaltung
Und läßt das liebe Mädchen
Leicht wechselnd aus der Rechten
In seine Linke gleiten,
Und nimmt die Flinkbewegte
Herum in seinen Rücken,
Läßt sich von ihr umtanzen. — —
Nun fassen sich die Frohen
Zugleich an beiden Händen
Und drehen sich geschmeidig,
Sich durch die Arme schlüpfend,
Und blicken sich dabei
Glückselig in die Augen. — —
Hörst Du den Jäger jauchzen?
Zu enge sind der Seele
Die Ufer ihres Leibes,
Und jubelnd überbrausen
Die Fluten des Entzückens!

Dazwischen schwirren dann wohl auch neben den „Juhezern" die Tanzliedchen durch die Stube und über den Plan! Aehnlich, doch gravitätischer tanzt der Tiroler, der Oberösterreicher seinen „Ländler" und der Bauer im gebirgigen Theile Niederösterreichs seinen „Reißer". Leider hat die städtische Cultur in unseren Tagen sich selbst der ländlichen Tänze bemächtigt, wie ja die Anecdote von jenem galanten Bauernburschen zeigt, der sogar eine „Damenwahl" beim Tanze arrangirt hatte und den außen stehenden „Dirnbln" zurief: „Menscher kimmts eini, 's is Damenwahl." Noch seien einige besondere Gattungen von Tänzen erwähnt, welche in einigen Theilen Steiermarks vorkommen. Es sind dies, der „Polsterltanz" und der „Hans=Adam=Tanz" bei dem Ersteren bilden die jungen Leute einen großen Kreis, in dem neben jedem Burschen ein Mädchen steht. Ein Bursche mit einem „Polsterl", d. h. einem kleinen Kopfkissen, tritt in die Mitte und singt nach der Musik den Spruch:

„Obers Kopf und unters Kopf
Laß i mein Polsterl fliegen,
Und wär dös Polsterl haben will,
Der muß a Busserl kriegen."

Fügt es sich nun, was übrigens meistens der Fall ist, daß er zu einem Mädchen kommt, welches ihm gefällt, so bleibt er stehen und legt den Polster vor demselben auf den Boden, der Kreis steht still und das Mädchen kniet auf das Kissen nieder, worauf es der Bursche aufhebt und mit demselben im Kreise, der sich nun wieder dreht, umher tanzt. Dann tritt er selbst in den Kreis ein und das Mädchen übernimmt den Polster. Schalt=

hafte Mimik ist auch in dem „Hans=Adam=Tanze" aus=
gedrückt. Die Musik beginnt mit einem langsamen Tempo,
welches in einen kurzen „Steirischen" übergeht. Sodann
hält jeder Tänzer mit seiner Tänzerin still, beide strampfen
nach dem Takte der Musik mit den Füßen, drohen sich
mit erhobenem Zeigefinger, machen Verbeugungen gegen
einander und drehen sich den Rücken zu, worauf wieder
ein „Steirischer Rundtanz", dem dieselben Pantomimen,
nur nach immer rascherem Takte der Musik, folgen, bis
diese gar zu rasch spielt und der Tanz beendet ist. Anläß=
lich der Erwähnung dieser verschiedenen Arten von
Tänzen dürfte es nicht ohne Interesse sein, zu bemerken,
daß in früherer Zeit, etwa vor hundert Jahren, die Zahl
der verschiedenen Gattungen von Tänzen und Tanzunter=
haltungen auf dem Lande eine weit größere war, auch
scheinen diese „Tänze" in einer Weise geübt worden zu
sein, welche zu manchen Bedenken in sittlicher Beziehung
gerechte Veranlassung bot. So waren im Jahre 1755
im Ennsthale die sogenannten „Rummeltänze" üblich,
welche die Burschen arrangirten und hierzu eine gewisse
Geldtaxe erlegten, auch einen „Tanzschaffner" wählten,
der wieder andere Burschen einzuladen hatte. Auch wurden
wohl statt des Geldes Naturalien gesammelt. Die Dirnen
dagegen sammelten Beeren u. dgl., wenn sie freie Zeit
hatten, brannten dieselben zu Branntwein und setzten
diesen den Burschen vor, woran sich die sogenannten
„Branntwein=Tänze" schlossen, die nicht im Wirthshause
abgehalten wurden. Es gab ferner „Schieß=, Laufen=, Kegel=
scheibtänze" u. dgl., sogar einen „Eisschießentanz", der
übrigens heute noch hier und da beliebt ist. Viele dieser

Tänze wurden durch eigene gesetzliche Verfügungen abge=
schafft, ein deutlicher Beweis der Unzukömmlichkeiten, die
sie im Gefolge hatten; so finden sich Patente von den
Jahren 1753 und 1755, welche folgende Tänze auf dem
Lande geradezu abschafften nämlich: die erwähnten Rummel=
tänze, die „Haber=, Mader= und Heigertänze", wobei durch
Sammlungen von Hafer u. dgl. und den Verkauf des
Gesammelten die Tanzunterhaltung veranstaltet wurde, die
Branntweintänze in Privathäusern, ebenso die „Spieß=,
Lauf= und Renntänze", endlich alle Tänze, welche allein
von „ledigen Manns= und Weibspersonen" und mit Aus=
schließung der Verheirateten angestellt wurden, „inmaßen",
wie das Patent besagt „alle derlei Tänze wider die
guten Sitten laufen, die nächste Gelegenheit zu sündigen
geben und folglich als ärgerlich und unerlaubte Tänze
zu halten sind."

Vor Allem bietet heutzutage der Fasching Gelegen=
heit, die verschiedenen Gattungen von Tänzen zu üben, und
im Dorfe geht es dann an Sonn= und Feiertagen recht
lustig zu. Tolle, ungebundene Lust concentrirt sich aber
auf die letzten drei Tage des Faschings, während welcher
tausend Possen und Scherze getrieben werden. Innerhalb
dieser Faschingszeit bietet das vermögende Haus wohl
auch einen „Sautanz", eine Feier, die wegen des frisch
geschlachteten Schweines im Hause veranstaltet wird und
in Tanz und Schmaus besteht. Zuletzt erscheint noch
am Aschermittwoch eine Gelegenheit zum Scherz und
zur Kurzweil für die jungen Burschen, nämlich das auf
S. 21 erwähnte Begraben des Faschings, das freilich
an manchen Orten schon abgekommen ist.

Der Aelpler kennt auch im engeren Kreise noch
manche Belustigung, die in ihrer Weise originell ist.
Insbesondere gehört hierher eine Art von Gesellschafts=
spielen, welche zur Unterhaltung dienen, wenn das junge
Volk bei irgend einer festlichen Gelegenheit zusammen
gekommen ist, woran sich selbst ältere Leute zu betheiligen
pflegen. Solche Gelegenheiten aber bieten vor Allem die
Hochzeit, das „Gmoanhalten" und das „Brecheln". Nach
dem opulenten Hochzeitsmahle wird nicht nur getanzt,
sondern es finden in einigen Gegenden auch komische
pantomimische Spiele statt oder es werden humoristische,
oft recht derbe Predigten gehalten u. dgl. von eigenen
Spaßmachern vorgetragen.

Das sogenannte „Gmoanhalten", d. h. Abhalten
gewisser Sitzungen in Gemeindeangelegenheiten, welches
besonders im Mittellande und in dem an Niederösterreich
grenzenden Gebiete vorkommt, ist wieder ein Anlaß zu
ähnlichen Belustigungen. Dasselbe findet von Zeit zu
Zeit statt und jeder Gemeindebeisitzer erscheint hierzu mit
seiner Familie, worauf den ernsten Berathungen ein
heiterer Abend folgt. Dabei wird getanzt, verschiedene
Spiele dürfen nicht fehlen. Solche Spiele sind z. B. das
„Orgelstimmen", ein Vexierspiel, an dem sich nur Männer
betheiligen, von denen Derjenige, welcher den Scherz
noch nicht kennt, angeführt wird. In pantomischer Weise
werden dem Bauer geläufige Hantierungen auch in den
Spielen: „Der Roßbeschlag", „Der Dorfbader" u. dgl.
bei solchen Gelegenheiten zur Darstellung gebracht.

Wohlbekannt sind auch die sogenannten „Brechel=
schreckspiele". Wenn die Abende lang werden und die

12*

Novemberstürme Schnee und Regen über die Felder peitschen, kommen nämlich die jungen Leute des Dorfes und der Gegend in der Brechelstube zusammen, die Dirnen zum Behufe des Flachsbrechens, welches „Brecheln" genannt wird. Schon auf dem Wege dahin werden die Mädchen von den muthwilligen Burschen geneckt und auf verschiedene Weise „geschreckt". In der Stube selbst finden sich dann auch die Burschen ein, und nach der Arbeit wird ein Mahl eingenommen; während dessen die erwähnten Spiele stattfinden. Maskirte Burschen, von einer „Brechelkönigin" geführt, erscheinen, führen komische Tänze auf, necken die Dirnen und besonders Witzige halten wohl auch eine „Brechelschreckpredig." Dabei steigt einer etwa auf einen Stuhl und predigt in drolliger Weise über einen scherzhaften Text. Manche solcher Predigten sind in Reimen und Knittelversen abgefaßt, wie z. B.:

> „Jetzt soll ich anfangen das Predigen
> Ueber die Weibsbilder, die ledigen,
> Ja, sie schau'n kaum heraus aus der Fatschen,
> So soll man ihnen schon von Buam vorschwatzen"

u. s. w. Gewöhnlich macht sich der Prediger über das Treiben der Mädchen lustig; diese aber kennen schon den Schalk, und wenn ein besonders gelungener Ausfall vorkommt, ist des Jubelns und Lachens kein Ende.

Der Dichter des „Dachſteinliedes“.

Es ſind etwa fünfunddreißig Jahre vergangen,
ſeitdem in Steiermark ein Lied zu ertönen begann, das
in Vers und Melodie ſo recht darnach angethan zu ſein
ſchien, ein Nationallied, ein Volkslied zu werden. Der
Dichter deſſelben hatte die ganze volle Liebe zu ſeiner
Heimat, Alles, was er zu deren Ruhm und Preis in
wohlgefügten Strophen ſagen konnte, dareingelegt, der
Componiſt die gemüthliche, zu Herzen ſprechende Melodie,
ohne daß ſie irgend einen Anklang an ſchon bekannte
Weiſen verrieth, als harmoniſchen Ausdruck der ſchlichten
aber warmen und innigen Dichterworte dieſen angepaßt.
Der beſcheidene und bis heute wenig gekannte Dichter heißt
Jakob Dirnböck, der Componiſt Ludwig Carl Seydler.
Das Lied aber, deſſen Titel es „der Steier Land“
nannte, begann mit den Worten: „Hoch vom Dachſtein,“
Jedem der freundlichen Leſer iſt bekannt, daß dieſes
„Dachſteinlied“ des Steirers echtes und rechtes National=
lied geworden iſt. Es verbreitete ſich im Norden und
Süden der Mark, es erklang in den Thälern und von
den hohen Alpenſpitzen herab, in der Stadt und auf dem
Dorfe und keine patriotiſche Feſtlichkeit im Lande konnte
man ſich denken, ohne daß wenigſtens die Weiſe: „Hoch
vom Dachſtein“ mit ihren herzlichen Tönen die Theil=
nehmer der Feier in die wärmſte Stimmung verſetzt
hätte. „Hoch vom Dachſtein“ erklang es im ganzen Lande

neben der Volkshymne, wenn der kaiserliche Herr in
Wien sein Geburtsfest feierte, „Hoch vom Dachstein",
wenn eine wackere Sängerschaar zum Lobe des edlen Ge=
sanges zusammentrat und daneben in vielen andern
Liedern der schönen Sangeskunst huldigte, „Hoch vom
Dachstein" hörte man es durch die Lüfte schallen, wenn
man das Geburtsfest des geliebten hohen Wohlthäters
des Landes, Erzherzogs Johann feierte, und als an jenem
schönen Septembertage des Jahres 1878 die Enthüllung
von des Erzherzogs ehernem Brunnenstandbilde in der
Landeshauptstadt Graz den Anlaß zum großen Freuden=
feste bot, da ertönte dies Lied vieltausendstimmig von
allen Sängern und Musikcapellen des Landes, die ver=
sammelt waren, wie ein freudiger Jubel= und Dankes=
gruß. Aber schon lange war dieses Lied auch über die
Grenzen der Steiermark weit hinaus bekannt und zum
Volksliede geworden, in Kärnten und Salzburg, in Oester=
reich und Tirol, sogar in den deutschen Theilen von
Mähren, Böhmen und Schlesien, endlich in ganz Deutsch=
land war es rasch verbreitet und beliebt; heute findet
man wenig deutsche Liederbücher, welche es nicht ent=
halten.

Von allen den Vielen, die sich an diesem Liede
erfreuen, kennen aber die Wenigsten den Verfasser, ja selbst
in der Steiermark ist der Name Dirnböck nur sehr
Wenigen geläufig, von seinen Lebensumständen weiß
beinahe Niemand etwas. Und doch war Dirnböck ein
poetisches Talent, das noch manches andere Gedicht ge=
schaffen, welches verdiente der Vergessenheit entrissen zu
werden, ein Talent, das insbesondere zu den ersten gehört,

die in der steirischen Mundart gedichtet, zu einer Zeit
als man noch wenig Kunstdichtungen auf dem Gebiete
unseres Dialectes kannte. Kein Dichter= und Schriftsteller=
Lexikon aber bietet auch nur die dürftigsten Nachrichten
über den Verfasser des „Dachsteinliedes,“ sein Leben und
Wirken, und so mögen ihm die nachfolgenden Zeilen als
ein kleiner Beitrag zur Literaturgeschichte unseres schönen
Alpenlandes gewidmet sein.

Der Lebenslauf Dirnböck's ist mehr der eines Ge=
schäftsmannes als der eines Dichters, und doch hat die
Poesie ihm auf seinen Wegen ihre Blumen gestreut und
ihm ernste und heitere Stunden verschönert und ihn nie
verlassen bis zum Tode. Aus einer alten Bürgersfamilie
entstammend, wurde Jakob Franz Dirnböck am 17. De=
cember des für Oesterreich so traurigen Kriegsjahres
1809 in Graz geboren, wo er auch seine Ausbildung
erhielt und mit achtzehn Jahren im Jahre 1827, nach=
dem er die Gymnasialstudien durchgemacht, als „Prakti=
kant“ in der damals wohlrenommirten Müller'schen
Buchhandlung der Landeshauptstadt eintrat; dem Berufe
des Buchhandels, welchem er Interesse entgegenbrachte,
hatte er sich aus eigenem freien Entschlusse gewidmet.

Schon einige Jahre darauf versuchte er sich in
kleinen poetischen Arbeiten, die in der Folge in ver=
schiedenen Blättern, insbesondere aber in der damals
einzigen bedeutenderen Zeitung Steiermarks, welche litera=
rische Interessen mit vertrat, im „Aufmerksamen“ näm=
lich zum Abdrucke gelangten und des Dichters Form=
gewandtheit, sowie sein Talent überhaupt bekundeten. Im
Jahre 1831 finden wir Dirnböck in Wien, wo er zur

weiteren Ausbildung bei seinem gleichnamigen Onkel, dem
Chef der Buchhandlungsfirma „Bauer und Dirnböck"
daselbst verweilte. Da dieser Onkel ein Geschäft unter
gleicher Firma in Prag inne hatte, so wurde er auch
dort verwendet. Er hatte dabei Gelegenheit, die beiden
Städte genau kennen zu lernen, hing aber stets mit
großer Liebe an seiner schönen steirischen Heimat und in
manchem Sange, den er damals in der Mundart der=
selben über die Berge geschickt, zeigt sich uns diese warme
Heimatsliebe, so in dem Gedichte: „Die zwoa Brucken,"
worin er die prächtige Prager Brücke schildert mit den
vielen Statuen der Heiligen, den gewaltigen Thürmen
und all ihrer Pracht, dabei aber erinnert er sich einer
andern Brücke in der Nähe der schönen Stadt Graz.

> Ja, wen ma da drüber geht,
> Ja 's is a Freud,
> Ma gsiacht halt in Schloßberg,
> Er is neama weit.
>
> Hermatn und druntn
> In schönastn Wegn,
> Da keman an schon
> Die liabn Grazer entgegn;
>
> Und vurwärts und rücklings
> Stehn just koani Turn,
> Döswegn hats do nix
> Von da Schönheit valurn.
>
> Da Fölsn von Jungfansprung,
> Wan ma nur schaut,
> Is dös net a Turn,
> Den God selba hat baut?

Und abi und aufi,
Da gsiacht ma weitmechti;
Da kan ma wul sagn,
Die Aussicht is prechti.

Und Leutl geau driba
Von lustign Hamur,
Und frisch und wulauf
Grad wir untn die Mur.

No mehr mecht i redn,
J wißt no gar viel,
J brings nit so fiara,
Wiar i mecht, wiar i will.

J denk halt grad wida
Bei mir in da Ghoam,
Mein! werst nur bald wida
Bald wida dahoam!

Und in einem andern Gedichte „'s Liad von da
Liesl," das auch in Prag entstanden ist, gedenkt er
scherzhaft der großen Schloßbergthurmglocke zu Graz
welche im Volksmunde die „Liesl" genannt wird, wie
sie ihn früher mit ihrem Brummen oft geweckt und vom
Lager gejagt, wenn sie um sieben Uhr Morgens ertönte.

Da war si ma so zuwida
Und dena miaßt is hern;
Und hiaz, wans leichta sein kint,
Hiaz hearat is z Tod gern.

Das is hiaz schiar unmigli,
J bin von ihr als z weit,
Drum, bis is wida hearn wear,
Is desto größa d Freud. — —

In Tag, so um a zwölfi,
Da brummts zum zweitenmal:
„Dös Leut, gehts nöd zum Essn?"
Dös moants da allemal.

Da han is gheart zum liabstn,
Wans so was brumelt hat,
Und lifti bin i gloffn
Zum Sterz und zum Salat.

So hatte Dirnböck auch im fernen Böhmerlande
stets seine liebe Heimatsstadt im Sinne.

I, wan i so zruck denk, han i oft mei Freud,
Da denk i, mein, war nur da Weg net so weit,
Oba wan mas dafindat, daß oana kunt fliagn
Wiar a Schwalm, wiar a Moasn, das war a Vagniagn,
Af da Stöll fliagat i über Estreich nach Graz,
Und wans nur halb migli war, richti, i thats.

Diese Proben zeigen, wie warm der junge Mann
fühlte ebenso wie den herzlichen Humor und die Gewandt=
heit des Ausdrucks in der volksthümlichen Redeweise,
welche ihm zu Gebote standen.

Da der tüchtige Buchhändler auch zu jener Zeit
schon seine beste Lehre im deutschen Auslande erhalten
konnte, so setzte Dirnböck die Lehrjahre in noch ferneren
Gegenden fort, er conditionirte von 1834 an bis 1843
in Breslau, Oppeln, Augsburg und Ulm. Auch zu
Luzern in der Schweiz verlebte er einige Jahre und die
prächtige Hochalpennatur daselbst übte auf sein empfäng=
liches Gemüth einen besonderen Eindruck aus. Zwölf
Jahre waren vergangen, seit er die Heimat verlassen und

ein schönes Stück Welt kennen gelernt, aber Dirnböck's
Absicht war es nicht, sich anderswo bleibend niederzulassen
als in seiner Vaterstadt. So kehrte er denn im Herbste des
Jahres 1843 wieder nach Graz zurück und eröffnete, nach=
dem er die Bewilligung hiezu von Seite des Guberniums
erhalten, am 1. Februar 1844 unter der Firma seines
Namens eine eigene Buchhandlung.*) Allerdings wurde er
kein kalter, praktisch berechnender Geschäftsmann, trotzdem
erhielt Dirnböck's Buchhandlung ihren Eigenthümer sammt
seiner Familie — er hatte sich am 9. November 1846 mit
Elise Pezlederer vermählt und die Ehe wurde bald mit
drei Töchtern gesegnet, von denen zwei noch leben.

Obgleich es ihm die Mittel nicht erlaubten, große
Unternehmungen in Angriff zu nehmen, so trat doch
Dirnböck auch als Verleger auf und da er ein Freund
des Landvolkes und genauer Kenner seiner Eigenthüm=
lichkeiten war, so waren es neben kleineren Lesebüchern
für Schulen und dergleichen meist kleine populäre
Schriftchen zur Belehrung des Landmannes in ökono=
mischer, wirthschaftlicher Richtung, sowie andere belehrende
Werkchen für den Bürger und Bauer, die in seinem
Verlage erschienen, von denen er einige selbst verfaßt hatte.

Als eine Probe der genauen Kenntniß des steiri=
schen Landvolkes, welche sich Dirnböck angeeignet hatte,
folge hier, bevor wir den Lebenslauf dieses Mannes
weiter erfolgen, ein Gedicht, welches den Tageslauf des
zufriedenen Landmannes in gemüthlicher wahrhaft zu
Herzen sprechender Weise schildert:

*) In der Murgasse, und zwar in jenem Theile derselben, welcher sich
zwischen den ehemaligen zwei Murthoren befand.

Mein greſti Freud.

Wan ma ſo in ganzen Tag
Volla Müa und volla Plag
Auf'n Aka keucht und ſchwitzt
Und zehn Stund nöd nidaſitzt,
Wan an d'Arbeit faſt dahabt
Und an nia a Trunk dalabt,
Wan die Sun am Berg ſchon ſteht
Und s mit der Arbeit nima geht,
Schleich i halt meiner Gantſchn zua,
Setz ins Winkl mi in d'Rua,
Wan die Kinda umerſpringen
Und die greßern Liabln ſingen,
Wan das Feuer brennt am Herd
Und das Nachtmahl kocht, wie's g'hert
Aſt mein Weib kimmt und mi grüaßt
Und mi halſt, als wan ſie müaßt,
Is ma wohl und thuat ma guat,
Bin i in mein böſt'n Muad,
Roſenfarb is mein Hamur,
Mir kimmt all's ſo gſchboaſi fur
Kan nöd rödn, es is halt was,
Mir fahlt no bald dis, bald das!
Aba, wan ſie 's Liacht anzünd,
D' Milch am Feua übarint,
Um ſein Platzl aniads ſi ſchaut
Wan die Kinder beten laut:
„Kim' Herrgott, ſei unſer Gaſt
Und ſögn, was D uns beſcheeret haſt."
Wan a niads aſt nidaſitzt
Und nur Freud aus d' Augn blitzt,
Kimmt am Tiſch da hoadni Sterz,
Glei lacht da vur Freud mein Herz,
Hamli dank i Gott den Herrn,
Weil er uns hat do no gern,

Aftn iß i lufti drauf,
Giaß am Sterz die Mili auf
Und fang a Hiftnri an,
Freud ham meine Kinder dran.
Sie macht aft an Rabfa gern
Wal a b' Kinder fchlafri wern,
Alles ift aft mäuferlftill
Jmrigsmal weld fi a Grill;
Da denk i fo auf mein Gfchick
Auf'n Sögn und auf mein Glück
Das ma Gott laßt wern zu theil
Zu mein Nutzn und mein Heil,
Daß no Alles guat is gangen
Was i imma hab' angfangen
Daß mi fchatzn b' andern Leut,
Das is halt mein grefti Freud.

Als im Jahre 1844 die fteiermärkifche Landwirth-
fchafts-Gefellfchaft ihre fünfundzwanzigjährige Jubelfeier
veranftaltete, dichtete Jakob Dirnböck zu diefer feftlichen
Gelegenheit fein „Dachfteinlied." Gleichzeitig entwarf
Seydler die Melodie hiezu und mit der Skizze eines
allegorifchen Bildes ebenfalls von Dirnböcks Hand ver-
fehen, erfchien Gedicht und Compofition im Verlage des
Verfaffers. Wie mit fo manchem volksthümlich gewordenen
Sange, der zur Zeit feines Erfcheinens beinahe unbekannt
blieb — man denke etwa an „die Wacht am Rhein" —
begab es fich auch mit diefem Liede, daß es Anfangs
wenig Anklang fand, ja beinahe in Vergeffenheit gerathen
war. Später erft fanden Dichtung und Compofition
immer mehr Aufnahme und wurden zum echt nationalen
Sange des Steirers, ja zum deutfchen Volksliede, das
weit über die Grenzen des engeren Vaterlandes hinaus

bekannt, beliebt, man kann sogar sagen, berühmt wurde.
Auch diese Eigenthümlichkeit hatte es mit dem wirklichen
Volksliede gemein, daß der Text in der Folge vielfach
entstellt, daß es ungebürlich gekürzt und in der ver=
schiedenartigst entstellten Form Lieder= und Lesebüchern
einverleibt wurde. Das Ganze enthält in der Original=
version zehn Strophen und es dürfte nicht ohne Interesse
sein, dieselben genau nach dem ersten Drucke hier zu
finden:

Der Steirer Land.
„Hoch vom Dachstein.“
Gedicht von J. Pirnböck.

Hoch vom Dachstein an,
Wo der Aar noch haust,
Bis zum Wendenland am Bett der Sav',
Und vom Alpthal an,
Das die Mürz durchbraust
Bis in's Rebenland im Thal der Drav':
Dieses schöne Land
Ist der Steirer Land,
Ist mein liebes, theures Heimatland.

Wo die Gemse keck
Von der Felswand springt
Und der Jäger kühn sein Leben wagt
Wo die Sennerin
Frohe Jodler singt
Am Gebirg, das hoch in Wolken ragt:
Dieses 2c.

Wo durch Kohlenglut
Und des Hammers Kraft
Starker Hände Fleiß das Eisen zeugt,

Wo noch Eichen steh'n
Voll und grün von Saft,
Die kein Sturmwind je noch hat gebeugt:
Dieses &c.

Wo der Mais und Haid'n
Herbstlich duftend blüh'n,
Und des Obstes Füll' so lachend keimt,
Wo im Unterland
Süße Trauben glüh'n,
Deren edles Blut wie Perlen schäumt:
Dieses &c.

Wo am Kirchweihfest
Noch nach alter Weis'
Sanfter Zither Ton und Hackbrett klingt,
Und der wack're Bursch
Rasch und flink im Kreis
Holde Dirnen froh im Tanze schwingt:
Dieses &c.

Wo noch deutsches Wort
Und ein Handschlag gilt,
Frommer Sinn noch herrscht und Tugend währt,
Wo auf Mädchenwang'
Noch das Schamroth spielt
Und die Hausfrau klug den Segen mehrt:
Dieses &c.

Wo's im schlichten Rock
Wie im Fürstgewand
Edle Männer gibt voll weisem Rath;
Die ein Schutz und Schirm
Für das treue Land
Rüstig vorwärts geh'n in reger That:
Dieses &c.

Wo in jedem Arm
Die geerbte Kraft
Habsburgs Enkeln blüht voll alter Treu,
Für den Kaiser gern
Jeder auf sich rafft,
Und dann eisern steht in Schlachtenreih':
Dieses ᛁᚲ.

Wo des Dampfes Kraft
Nun mit Sturmgewalt
Alles fortbewegt auf eis'ner Bahn,
Und sich Fleiß und Müh'
Zeigen vielgestalt
Und ein neuer Geist als ihr Gespann:
Dieses ᛁᚲ.

Wo sich lieblich, groß
Eine Stadt erhebt
Hart am Atlasband der grünen Mur,
Wo ein Geist der Kunst
Und des Wissens lebt,
Dort im hehren Tempel der Natur:
Dieses ᛁᚲ.

Dirnböck trat kurz nach der Eröffnung seines
Buchladens auch in besonderer Art als Volksschriftsteller
auf, indem in seinem Verlage die zugleich von ihm ver=
faßten „Briefe des Hans Michel aus Obersteier an seinen
Göd, den Sensenschmied in der Oed über Steiermark
und Graz" in den Jahren 1845 und 1846 erschienen.
Diese Briefe waren eine Art Nachahmung der damals
schon lange bestandenen Briefe des Hans Jörgel von
Gumpoldskirchen und wurden in Form einer Zeitschrift
herausgegeben. Der Verfasser wußte sowohl den

thümlichen Ton als auch die zum Theile mit Hochdeutsch
gemengte Mundart in drastischer Weise wiederzugeben
und besprach Vorkommnisse der Stadt und vom Land
mit vielem Humor in der gewählten Form der Briefe
an den „Herrn Göd", zu dem er in der Vorrede sagt:
„I werd gar verschiedns erzähln. Wanns grad im Wald
— im Sommer oder auf der Alm nix z' than habn, da
setzens Ihnen aufn Großähnlstuhl, ruckens Ihner grüns
Kappel zrecht, lesens meine Brief und denkens dabei:
Was i schreib is wahr; — vielleicht bettelts Ihnen a
wol a Lächeln ab — und vielleicht, i wills hoffen, findt
a manche von dö Ansichten, dö i auskram, Eingang, und
i stift was Guts damit." In der That fanden Hans
Michels Briefe viele Verbreitung im Lande und wurden
gerne gelesen. Wem sie heute vorliegen, der findet darin
charakteristische Zeichnungen aus dem culturellen Leben
ihrer Tage in Steiermark, des Verfassers Treuherzigkeit
Biederkeit und Anhänglichkeit an sein Vaterland und das
Kaiserhaus blicken überall durch, auch fehlt es darin
nicht an Rügen und Ermahnungen, die heutzutage noch
ebenso am Platze wären wie damals. Erwähnenswerth
ist der von Dirnböck verlegte und von dem bekannten
heimischen Schriftsteller Sonntag herausgegebene Kalender:
„Der innerösterreichische Heimatfreund" (I. Jahrgang für
1847), welcher werthvolle Artikel zur Kunde des Landes
enthielt.

Noch eine Zahl von Gedichten, die in Zeitschriften
verstreut sind, sowie kleinere Volksschriften aus Dirn=
böck's Feder erschienen, bis das sturmbewegte Jahr 1848
b.... .nbrach. Dirnböck, dem nach erlangter Preßfreiheit

noch mehr Gelegenheit geboten war, sein Streben nach
wahrer Volksaufklärung und Belehrung zu bethätigen,
begann im April des genannten Jahres ein Zeitschrift,
die „Blätter der Freiheit und des Fortschrittes" heraus=
zugeben, welche zum Theile politische Artikel, zum Theile
kleinere Erzählungen, Gedichte und populär belehrende
Aufsätze brachte, sie erschien allerdings nur bis Ende
September 1848, denn die Zeitverhältnisse, welche damals
Journale und Blättchen fast täglich auftauchen und wieder
untergehen ließen, brachten auch Dirnböck's Blättern den
Untergang. Beinahe gleichzeitig redigirte der strebsame
Mann den ebenfalls in seinem Verlage erscheinenden
„Steirischen Landboten", welcher einfach gehalten und
mehr für die ländliche Bevölkerung bestimmt erschien. Es
lag in der Richtung der Zeit, daß auch dieses Blatt mit
Ende Juni des Jahres 1849 eingieng.

Von Dirnböck's weiterem äußern Leben ist wenig
mehr zu berichten: im Jahre 1851 hatte er mit Karl
Mühlfeit einen Gesellschaftsvertrag abgeschlossen, er trat
jedoch bald darauf wieder aus diesem Verbande und
eröffnete eine Leihbibliothek, welche ihm ein ruhigeres
und doch dabei sorgloses Leben bot. Vielleicht hatte er
eine Ahnung seines baldigen Todes, als er für sein
ältestes Töchterchen zum Vortrage bei einem Schulfeste
das Thema „Lob auf den Gesang" ausarbeitete und in
dieser Prosadichtung, nachdem er den Gesang in allen
Beziehungen zum Menschenleben geschildert, zum Schlusse
die Worte niederschrieb: „Ist dieses nicht ein Bild unseres
ganzen Lebens? Der stete Wechsel zwischen Freude und
Ernst, Lust und Trauer, Trennung und Wiederseh-

bis endlich nach einer Spanne Zeit eine kleine Anzahl
Sänger unsern letzten Ruheort umgibt und mit tröstenden
Accorden die Zurückgebliebenen versöhnt über den Verlust
des theuern Familiengliedes, dessen Seele bereits hin=
getreten ist in jene lichten Sphären des Jenseits. —
Nicht nur von der Wiege bis zum Grabe, sondern über
das Grab hinaus erschallt, erfreut, erquickt, belebt und
tröstet uns die Himmelsgabe des Gesanges —" Im
Sommer des Jahres 1861 wurde Dirnböck von einem
typhösen Fieber befallen, dem er am 9. August erlag.
Auf dem St. Peter=Friedhofe bei Graz ruht der Dichter
des „Dachsteinliedes"; die Gipfel der Gebirgsketten
ringsum, welche im weiten Kreise die Stadt umziehen,
blicken auf sein Grab oft mit beschneiten Häuptern, wenn
auch der Frühling lange im Thale eingezogen ist, auch
der Schloßberg mit der „Liesel" im Thurm, die der
Todte scherzhaft besungen, schaut herab und wenn die
kräftige Alpenluft von Westen herüberstreicht, ist es wie
ein Grüßen des Hochgebirges, das dem Todten gilt, der
seine Heimat so innig geliebt.

Zur Charakteristik Jakob Dirnböck's, die in dem
schon Angeführten theilweise enthalten ist, sei noch hin=
zugefügt, daß er der liebenswürdigste und gemüthvollste
Mensch war, wie er sich in seinen Dichtungen zeigt. Ein
Feind aller rauschenden Vergnügungen, fand er seine
glücklichsten Stunden im trauten Kreise seiner Familie
nd seiner Freunde, die Schönheiten der Natur zog er
꠸ Vergnügungen der großen Welt vor und fühlte sich
beſt.... wenn er diese Schönheiten voll und unmittelbar
.eßen konnte.

Von des Dichters Liedern, die theils in den lange
vergessenen Zeitschriften seinerzeit veröffentlicht wurden,
theils gar nicht im Drucke erschienen sind, liegt dem
Verfasser dieser Zeilen eine Zahl vor, sie zeigen alle jene
Eigenschaften, deren oben gedacht wurde, ein warmes poeti=
sches Gefühl, eine insbesondere für jene Zeit unter Oester=
reichs Dichtern nicht gewöhnliche Beherrschung der Form,
in den dialektischen Stücken die genaue Kenntnis der Mund=
art und überaus volksthümliche gewandte Behandlung der=
selben, echt patriotische Gesinnung tritt in vielen derselben
hervor, wie etwa in der kleinen hier folgenden poetischen
Erzählung „Die Miarzerl oder die Erbiar am Plabutsch",
welche das Zusammentreffen der Erdbeersucherin mit dem
hohen Kaiserpaare und dem Prinzen Johann im Walde
schildert, oder im „Gamsjaga", der den Erzherzog Johann
bei einem Besuche der Stadt im Bilde ausgestellt findet
und dem Gemälde seine Verehrung bezeigt. Beide Ge=
dichte waren seinerzeit im „Aufmerksamen" veröffentlicht.

Die Miarzerl,
oder: Die Erbiar am Plabutsch.

Griaß Gott, mein liaba Vada!
Griaß Gott, enk Muada a!
Wo is denn unsa Anl
Und unsa Enl a?

I will enk was dazölln.
Wan all' beinauda sein,
Was mir in Wald passirt is,
Es wird enk alli gfreun.

In Enl hear i kuman,
Die Anl is schon da,
Hiaz losts nur schean auf mi af,
Was i enk hiaza sa.

I will heunt Erbiar suachn
Und gang bößwegn in Wald,
Die Muada hat no nachgruaft:
Kim wida Dearndl bald.

I suach in Wald halt uma
Und derf gar net weit geu,
Da find i d'größte Erbiar
So road wias Bluad und schön.

I legs aft in mein Kearbl
Und wird ma's Kearbl vul,
So han i da a Freud dran
Und 's duat ma gar so wul.

As war grad um a alfi,
Han denkt: hiaz geh i zhaus,
Tal unta meine Gschwistra
Die Hälfti Erbiar aus.

Die andern, dö vakaf i
Und trag i in die Stadt,
Und griag i nur zwoa Groschn,
So is ma schon a Gnad.

Af oamal hear i rauschn,
I ker mi um und schau,
Da gen zwoa alti Hearn,
A junga und a Frau.

Von dö, wan oans an Gusta
Auf meine Erbiar hat,
Han i ma denkt, daspari
's vakafn in da Stadt.

Da temans alli nechua,
Sö gengan übarn Steg
Und alli schaun so freundli,
I geh schean anzu Weg.

Da sagt die Frau: „Du Mädl,
Was tragst denn Du bei Dir?
Komm her, laß sehn! Wie heißt Du?
Hab Zutraun, sag es mir!"

Auf das griag i Guraschi
Und höb enk z'blauschn an,
Und wa i enks dazölln müaßt,
I wußt nöd Alls davon.

I sag halt: Miarzerl hoas i
Und da sein Erbiar drin,
I möchts gern wem vakafn,
I wult kan großn Gwin.

No Miarzerl, sei nöt gschami
Sagt drauf an alter Hear,
Gib uns von deini Erbiar
A nutzas Nagl hear.

Da nimm i halt mein Kearbl
Und biats in Leutn an,
Von ganzn Kearbl nehmans
Zwoa Händ voll kam davon.

Dan Hear war gar so freundli
Und war ma so bekant,
Ja richti — bein Schulmoasta
Hängt sein Bild ja af da Wand.

Der hat von di Erbiar geßn
Gar weani, weani nuar,
Und gibt ma sögs Dugadn,
Das is do woarli gnuar.

Da jungi Hear war gar schean,
A Gsicht wia Milch und Bluad,
Und da blabi Rock und b' Hosen,
Tö stengan eam so guad.

Der greift in Sack und gibt ma
Zwoa liachti Doala her,
I thua die Händ eam bußn,
Sag: Dank, mein liaba Hear.

Sö gegan wida weita,
I laf was sein kan, aus
Und bring enk hiaz Dugadn
Und liachti Doala z'haus.

Du Deandl machst mi glückli
Hebt hiazt da Vata an,
Da Pfoara hats no prediagt
Und ös wißt's nix davon.

Daß unsa liaba Kaisa
Mit unsra Kaisarin
Und aftn da Prinz Johann
In Graz sein alli drin.

Und hiaz geht in Dafüllnng
Mein großer scheana Dram,
Da Kaisa suacht uns Steira
Do wida oanmal ham.

As is neamt anders gwesen
Da wett' i glei mein Löbn,
Da Kaisa und die Kaisarin
Ham Dir das Geld da göbn.

Hiaz Deandl, sag i no was,
Das Geld da höb i auf
Und erst zu Deina Hoazat
Aufs Brautbett leg is drauf.

Du wiarst as earscht begreifn,
Du wiarst vastehn earsch ganz,
As kimt nach langi Joarn
Koan sulcha Kaisa Franz.

Wie schon öfter erwähnt, trifft Dirnböck insbesondere in den mundartlichen Stücken sehr gut den Volkston; in einem solchen Gedichte „Die hoagliche Lisel" und in den „Tanzliabln und Stichlareim" tritt derselbe besonders charakteristisch hervor, nicht minder in dem Liede „Auf der Alm", welches wie dem Bergbewohner abgelauscht erscheint. Die „Tanzliabeln" und „Stichlareim" mögen hier angeführt sein:

Tanzliadln und Stichlareim.

Aufmunterung.

He! lusti, Musikanten,
Machts gschwind an Tanz auf
Denn i und mein Tresl
Miar warten schon drauf.

A gamsangats Deandl
Und a lustiga Bua
Dö kinan net stean bleibn,
Dö tanzn glei zua.

Kim Deandl und drah di,
Sei listi und froh;
Wanst heiratst, in an Jarl
Geht's a neama so.

Beschwichtigung des Unzufriedenen.

Da Hackbretlschlaga
Schaut jamerli drein,
Wirdn eppa a Zwanzger
Leicht zweng gwöbn sein?

Schlag herwärts, schlag hinwärts,
Schlag immer brav los!
Du griagst auf an Terno
Von mir margn a Loos.

Der scheanisti Terno,
Den i mach, der is gwiß:
Mein Tresl, wan is heirat
Und sie oarbatsam is.

Conditio, sine qua non —

Da Gloangeiga griagat
Von mir an Dugabn,
Wans heuer unar meara
Und bessa warn grabn.

Herz und Wade.

Wan a geigt, muaß i tanzn,
Wan i tanz, muaß i fliagn,
Und zidarn muaß Wadl
Und Herz fuar Vagniagn.

Viel ham halt koan Wadl,
Viel ham halt koan Herz,
Drum gehts mitn Tanzn
Halt a net fuarwärts.

Beweis.

Daß i safrischi Wadln ham,
Leutln, das sechts!
Und Hearz? — s woas an iaba,
Han i a wul koan schlechts.

Daß i a guats Herz han
Will i damit sagn,
I ma auf fufzg Schritt weit
Koan Spitzbuam vatragn.

Gerechter Unwille.

Tar Amtman, wan a femat
Und setzat si hear,
Da wurab i gifti,
Koan Schritt tanz i mear.

Was plausch i denn zsam
Für a dumms balgats Gwasch,
Der sitzt beim Vawalter
Und spielt Mariasch.

Und wan a valiern thut,
Das gschiacht öfters schiar,
So mias ma morgn blechn,
's hilst gar nix dafür.

Silentium.

Bst, bst! — Seid's hiaz still
Und röd's nima a Wuart,
Sein Varoggn han i gsegn grab
Bein Gngfensterl duart,

Wan a wußt, was ma triebn ham.
Er spirat uns ein
Und'n Deandln und uns
Mechts net angenehm sein.

Zum Schlusse aber soll noch Desjenigen gedacht
werden, der die schöne Melodie zum Dachsteinliede ge=
schaffen, welche ebenso unvergessen bleiben wird wie des
Dichters Wort und Vers. Ludwig Seydler war am 8.
März 1810 zu Graz geboren, er zeigte schon frühzeitig
viel Anlage zur Musik, wurde 1832 Lehrer an der
Vorstadtschule St. Leonhard in der Nähe der Haupt=
stadt und da er insbesonders als Orgelspieler Tüchtiges
leistete, 1837 Organist am Grazer Dome. Als solcher
verfaßte er eine Reihe werthvoller kirchlicher Compositionen
und galt bald darauf für Einen der besten Orgelspieler
in Oesterreich. Auch componierte Seydler eine Zahl
weltlicher Lieder und trat als gewandter musikalischer
Schriftsteller auf. Der Componist erfreut sich heute noch

fröhlicher Gesundheit, mannigfaltige Auszeichnungen
wurden ihm zu Theil, die unvergänglichste derselben
aber wird es sein, wenn nach Jahrhunderten noch die
Weise zu „Hoch von Dachstein" ertönen wird; mit
Jacob Dirnböck im Vereine hat er ja dem Steirer sein
Nationallied geschaffen.

Kinder= und Volksmärchen aus Steiermark.
Nach dem Volksmunde mitgetheilt.
I.
Die Brautfahrt.

Es war einmal ein reicher Kaufmann, der hatte
drei Söhne, die bereits erwachsen waren. Da hörte er
von einer Prinzessin, die auf einem fernen Schlosse ver=
zaubert weile, und wer sie vom Zauber erlöse, würde
ihr Mann. Daraufhin kaufte er zweien der Söhne,
welche er am liebsten hatte, sogleich schöne Pferde und
sprach zu ihnen: „Gehet hin und unternehmet die
Brautfahrt, Einem von Euch wird sie schon gelingen."

Bald machten sich die Beiden auf den Weg, da
sahen sie seitwärts von der Straße einen Bienenstock,
und obgleich ihnen derselbe gar nicht im Wege war,
stürzten sie ihn doch muthwillig herab und vernichteten
ihn. Später kamen sie an einen Ameisenhügel vorüber.
Auch diesen ließen sie nicht in Ruhe, sondern zerstörten
ihn. Als sie noch weiter reisten, lag ein Teich am Wege,
darin schwammen zwölf Enten und suchten das Ufer
zu erreichen, das sie aber nimmer zu erklimmen ver=

mochten, denn es war zu steil. Ganz ermattet sanken
sie zurück, schwammen wieder vorwärts, und fast wäre
es ihnen gelungen, das Trockene zu erreichen, da kamen
die beiden Brüder heran und trieben die Enten mit
Prügeln und Steinwürfen in das Wasser zurück.

Nun aber beeilten sich Beide und kamen auch
wirklich zum Schlosse der Prinzessin, wo sie von einem
alten Weibe empfangen wurden. Sie fragten rasch, was
sie zu thun und zu leisten hätten, um die Prinzessin
zu erlösen und ihre Hand zu gewinnen. Die Alte
führte die Brüder in ein Zimmer und berichtete: „Die
Bedingungen welche Ihr erfüllen müßt sind folgende:
Zuerst schütte ich ein Faß Linsen aus und verstreue es
im Grase dieser Wiese, diese Linsen müßt ihr wieder
zusammenlesen, auf daß auch nicht eine davon fehlt.
Sodann werfe ich zwölf goldene Schlüssel in den Teich,
die müßt ihr wieder herausholen; endlich führe ich Euch
durch die Säle des Schlosses und in einem derselben
werdet Ihr drei gleich schöne Prinzessinnen sehen, von
diesen habt Ihr jene zu wählen, welche die Rechte ist.
Bringt Ihr dieses aber nicht zu Stande und rathet Ihr
fehl, so ist jeder von Euch des Todes und es wird ihm
das Genick gebrochen.“

Die Brüder, welche schon nach dem Besitze der
Prinzessin und ihrer Kostbarkeiten lechzten, gingen die
Bedingungen rasch ein und begannen die Arbeiten. Sie
versuchten das Erste, aber es war unmöglich die ver-
streuten Linsen wieder aufzulesen; bei dem Versuche
mit den Schlüsseln versanken diese im Teiche, und
konnten nicht mehr gefunden werden. Als sie endlich

von der Alten durch die Säle des Schlosses geführt
wurden und die drei Prinzessinen vor ihnen standen
fragte das Weib: „Welche ist die rechte Prinzessin?"
„Jene, die rechts steht," sagte der ältere Bruder; „die
links steht," meinte der jüngere. Beide aber hatten falsch
gerathen. Und so wurde ihnen auf der Stelle das Genick
gebrochen, die Körper aber wurden in die unten beim
Schlosse vorbeifließende Mur geworfen.

Da die Brüder nun lange Zeit nicht nach Hause
kamen, ging der Jüngste aus, sie aufzusuchen. Auch er
kam bei dem Bienenstocke vorbei, doch that er den Bienen
nichts zu Leide, sondern bemitleidete sie und sie gefielen
ihm so gut, daß er ihnen sogar Honig tragen helfen
wollte. Da stachen sie ihn aber, er jedoch ließ sich sogar
dies gefallen und nahm sie nur behutsam wieder von der
Hand hinweg. Auch zu den Ameisenhaufen gelangte er,
hier hatte er wohl Acht, daß er ja keine Ameise zertrete,
und auch diesen fleißigen Thierchen half er bei ihrer
Arbeit. Endlich kam er zu dem Teiche, auf dem die zwölf
Enten schwammen und vor Mattigkeit bereits die Flügel
hängen ließen. Er räumte die Prügel, welche die Brüder
hineingeworfen, aus dem Wasser, und half den Ermatteten
an's Land, das sie mit fröhlichem Geschnatter betraten.

So kam er endlich zu dem Schlosse, in dem die
verzauberte Prinzessin sich befand. Auch er traf die Alte
an und befragte sie, unter welchen Bedingungen die
Erlösung der Prinzessin stattfinde, und auch ihm wurden
dieselben wie seinen Brüdern kundgegeben nebst der
Drohung, daß er des Todes sei, wenn er nicht Alles
genau durchzuführen im Stande wäre. Der Jüngling

nahm diese Bedingungen an und dachte: „Ich will es
denn in Gottes Namen versuchen."

So wurden den die Linsen in's Gras geschüttet,
und siehe, da krochen von allen Seiten Ameisen herbei,
von denen es bald wimmelte, und welche die Linsen
auflasen und zusammentrugen, so daß auch nicht Eine
Linse übrig blieb. Als die zwölf goldenen Schlüssel in
den Teich geworfen wurden und untersanken, kamen die
zwölf Enten herangeschwommen, tauchten unter und jede
brachte dem Ueberraschten einen goldenen Schlüssel im
Schnabel. Also ward auch diese Arbeit geleistet. Zuletzt
wurde er in's Schloß geführt und im letzten Saale be=
fanden sich die drei Jungfrauen, jede gleich bezaubernd
schön. Davon sollte er die Rechte errathen. Ehe er sich's
versah, kam aber ein Bienenschwarm zum Fenster herein=
geflogen. Sie schwärmten und summten ihm beständig
um die Ohren: „Die Mittlere, die Mittlere!" So ent=
schied er sich denn für die mittlere und hatte recht gewählt.
Der Jüngling, welcher sie erlöst, hatte durch seine Mild=
herzigkeit die schönste Frau nebst königlichem Reichthum
erlangt.

II.
Der alte Schimmel.

War einst ein Kaufmann, der hatte einen Sohn
Namens Joseph, und als dieser herangewachsen war,
sprach er zu ihm: „Ich sende Dich nun auf Reisen
in fremde Länder, ein Pferd mit stattlichem Rüstzeuge
habe ich Dir gekauft und hier hast Du Geld für fünf
Jahre, denn vor dieser Zeit darfst Du mir nicht heim=
kommen." Der Sohn bestieg das schöne Roß, nahm

Abschied vom Vater und zog davon. Weil er aber ein
lustiger Vogel war und, nachdem er einige Stunden
geritten, zu einem Wirthshause kam, wo es mit Tanz
und Musik gar fröhlich herging, kehrte er dort ein und
nahm an der Lustigkeit selbst Theil; er tanzte und
spielte dort so lange, bis er richtig sein ganzes Geld
durchgebracht und verspielt hatte. Niedergeschlagen ritt
er davon und seines Weges weiter. Da begegnete ihm
ein Reiter auf einem alten grauen Schimmel, und weil
der Jüngling kein Geld mehr hatte, bot er diesem sein
schönes Pferd zum Tausche an; er erhielt noch hundert
Gulden daraufgezahlt, der Handel war schnell abgemacht
und auf dem alten Schimmel trabte der junge Mann
langsam davon. Es wurde inzwischen dunkel, da sah er
plötzlich auf dem Wege etwas Weißes schimmern. Er
stieg ab und da lag ein goldenes Hufeisen. Als er
dasselbe aufhob, schüttelte aber der Schimmel den Kopf,
als wollte er sagen: „Laß' es liegen." Der Jüngling
jedoch achtete nicht darauf, ritt weiter und sah nach
einer kurzen Strecke wieder etwas auf dem Boden blinken.
Es war eine goldene Feder. Wieder schüttelte der
Schimmel den Kopf; aber auch dieses Kopfschütteln
wurde nicht beachtet und die Feder mitgenommen. Als
weiterhin abermals etwas leuchtend auf dem Wege
lag, war es eine goldene Haarlocke. Als aber der Jüngling
auch diese aufhob, begann der Schimmel gar zu reden:
„Hebe diese Locke nicht auf, denn sie wird Dir nur
Unglück und Verderben bringen." Aber die Warnung
des Schimmels fruchtete eben so wenig als früher das
Kopfschütteln, so sehr lockte der Glanz des Goldes.

Joseph kam auf seinem Zuge in die Residenzstadt des Königs, und weil er sich nun seinen Lebensunterhalt verdienen mußte, verdingte er sich beim Könige selbst als Stallknecht. Er hatte nun das Rüstzeug, das Pferdgeschirr und die Rosse selbst zu putzen, die Arbeit mußte jedoch am Tage verrichtet werden, und es war bei schwerer Strafe verboten, noch am Abende zu arbeiten und ein Licht anzuzünden. Einmal hatte er sich versäumt und die Dunkelheit überraschte ihn, ehe er mit Allem fertig war. Da gedachte er des glänzenden Hufeisens, er nahm es hervor und hing es wie eine Lampe im Stalle auf. Und siehe, es leuchtete wie das hellste Licht. Der König aber stand gerade am Fenster und sah den Lichtschimmer im Stalle unten. Sogleich ließ er den Stallknecht vorführen und rief ihm zu: „Wer wagt es, gegen meinen Befehl im Stalle ein Licht anzuzünden?" Aufrichtig erzählte Joseph, was es mit dem Hufeisen für ein Bewandtniß habe. Der König verlangte das Eisen zu sehen und verlangte es für sich und auf die Weigerung des Jüngling bedrohte er denselben mit dem Tode, so daß Joseph dem Könige das Hufeisen überlassen mußte.

Ein anderesmal hatte der Stallknecht wieder die Arbeit säumig verrichtet und die goldene Feder, um des Abends arbeiten zu können, aufgehängt, welche ebenfalls wundersam hell leuchtete, so daß ihr Licht noch das des Hufeisens übertraf. Der König erfuhr es, im Stalle habe ein Licht gebrannt, ließ den Stallknecht vorführen und als dieser ihm auch diesmal von der Feder erzählte, mußte er die goldene Feder ebenfalls hergeben.

Zum dritten Male versuchte Joseph sein Glück
mit der Haarlocke. Diese aber strahlte, glänzte und
leuchtete, als ob es heller Tag wäre. Der König erfuhr
auch diesmal davon, und der Stallknecht büßte die Locke
ein. Weil aber diese Dinge eine so seltene Eigenschaft
besaßen, so reizte dies den König, noch mehr darüber
zu erfahren.

„Bring‘ mir das Pferd, welches jenes Hufeisen
verloren,“ herrschte er den Jüngling an, „oder Du bist
des Todes.“

Da schlich Joseph traurig von dannen in den
Stall, weinte und wußte sich weder zu rathen noch zu
helfen. Im letzten Winkel des Stalles aber stand, fast
ganz vergessen, der alte Schimmel. Zu diesem trat der
junge Mann und klagte ihm seine Noth. Das Roß
erhob seinen Kopf sachte und sprach:

„Siehst Du, warum hast Du mir nicht gefolgt?
— Doch ich will Dir helfen.“

Es beschrieb ihm nun ein Schloß und den Weg
dahin, wo er im Stalle neben den schönsten Pferden
ein altes verkrüppeltes Roß finden werde. Dieses möge
er nehmen und zum Könige führen, denn dieses habe
das Hufeisen verloren. Der Jüngling machte sich sogleich
auf den Weg nach jenem Schlosse und fand dort ein
altes mißgestaltetes Pferd, das nur drei Hufeisen hatte.
Die Wahl that ihm weh, denn rechts und links daneben
standen prächtige Thiere, aber diesmal blieb er eingedenk
der Worte des alten Schimmels. Er führte das miß=
staltete Pferd aus dem Stalle, bestieg es, und o Wunder,
wurde das herrlichste Roß, das er je gesehen, und

das er nun dem Könige brachte. Dieser bewunderte es und freute sich außerordentlich darüber, aber er gab sich noch nicht zufrieden.

„Bring mir nun auch den Vogel, von dem die goldene Feder herrührt!" rief er dem Stallknechte zu, und wieder kam dieser in seiner Bedrängniß zum alten Schimmel im Stalle.

„Ich will dir helfen" sprach dieser, „in jenem Schlosse wirst Du ein großes goldenes Vogelhaus und darin ein altes, halbtodtes, garstiges Vögelein finden. Nimm dies und bringe es dem Könige. Ringsum sind schöne singende Vögel, um diese aber kümmere Dich nicht."

Joseph folgte dem Rathe; er begab sich wieder in das Schloß, fand den alten Vogel im Käfig, und obgleich herrlich singende wunderschöne Vögel sich ringsum befanden, nahm er doch nur dieses halbtodte Vögelein mit sich. Doch kaum hatte er das Schloß verlassen, so war es der prächtigste Vogel mit goldenen Federn, den er trug und der so süß sang, daß er ganz des Weges vergaß und nur ungern das Thier dem Könige gab, als er bei demselben angekommen war.

Der König war auch diesmal überaus erfreut, aber noch immer nicht befriedigt, da er aber über die Herkunft der Haarlocke nichts Näheres wußte. Diese Locke mußte von einer Prinzessin sein, und „wenn Du mir diese Prinzessin nicht zur Stelle schaffst", sprach er zum Stallknecht, „so bist Du dennoch des Todes!"

Traurig begab sich der Jüngling wieder zu seinem Schimmel und getreuen Rathgeber. „Geh noch einmal in jenes Schloß", sprach dieser, „es ist verzaubert

die Prinzeſſin dort zu finden. Du wirſt vier Zimmer
ſehen und dieſe durchſchreite; im erſten Zimmer wird
Dir eine Prinzeſſin von wunderbarer Schönheit entgegen=
treten, eine noch ſchönere im zweiten und ein wahres
Bild von Schönheit im dritten. Laß Dich aber nicht
verloden. Im vierten Zimmer triffſt Du ein häßliches
Mädchen an mit einem Kropfe und einem Höcker. Dieſe
nimm und führ' ſie dem Könige zu." Joſef folgte auch
dieſem ſeltſamen Rathe; er begab ſich in das Schloß
und als er die ſchönen Jungfrauen und ſchon gar die
im dritten Zimmer ſah, hätte es dieſe ihm beinahe an=
gethan, doch er gedachte der Treue des alten Schimmels
und ſeiner ſtets guten Rathſchläge. Da trat er in's vierte
Zimmer und nahm die häßliche Jungfrau, welche er
darin fand, mit ſich. Als er aber mit ihr aus dem
Schloſſe trat, war ſie ſchöner und lieblicher, als alle
Anderen zuſammen, und mit vielem Herzeleide geleitete er
ſie zum Könige, welcher ſie ſogleich für ſeine Braut erklärte
und dem Stallknechte ſeine volle Zufriedenheit ausdrückte.

Der König ſollte nun Hochzeit halten, und es
wurden hiezu großartige Vorbereitungen getroffen. Weil
aber der Stallknecht die Prinzeſſin gebracht hatte und
ein hübſcher Jüngling war, ſo war der König gar bald
auf ihn eiferſüchtig, noch bevor die Hochzeit vollzogen
wurde, und da er ſich ſeiner Eiferſucht nicht erwehren
konnte, beſchloß er den Tod ſeines Stallknechtes. Nun
war freilich Joſef erſchroden wie nie zuvor, denn es
gab nun keine Rettung.

In Anſehung der guten Dienſte, die er geleiſtet,
wurden ihm noch drei Tage Bedenkzeit und die eigene

Wahl der Todesart zugestanden. Niedergeschlagen und tiefbetrübt schlich er zu seinem Schimmel und klagte ihm seine Noth und daß der König seinen Tod beschlossen hätte. Aber auch diesmal tröstete ihn das kluge Thier und sagte: „Rathe dem König, er soll einen so großen Kessel machen lassen, daß Du mit mir durchreiten kannst. Dieser Kessel soll bis zum Rande mit Milch gefüllt und unter demselben ein starkes Feuer angezündet werden, bis die Milch siedet. In diese siedende Milch aber spring mit mir hinein." Der König ging darauf ein, war ihm doch die Todesart, durch welche der Jüngling umkommen sollte, ganz gleichgiltig, wenn er ihn nur aus dem Wege räumen konnte.

Drei Tage darauf stand der Kessel mitten im Hofe des Palastes, ein tüchtiges Feuer brannte darunter und die Milch brodelte bereits im Sieden. Der König mit seinem Hofe war zugegen, da bestieg Josef seinen alten Schimmel und sprang mit einem Satz in die siedende Milch. Aber siehe, sein Roß trug ihn unversehrt durch die wallende Flüssigkeit, beide sprangen wieder heraus und waren wie von einem wunderbaren Bade erfrischt und verjüngt. Josef war anzuschauen wie der schönste Prinz, sein Schimmel aber wie das herrlichste Pferd.

Neid und Eifersucht erfaßten da den König, als er dieses sah, er ließ seinen trefflichsten Renner vorführen, bestieg ihn und sprang in den siedenden Kessel, doch Roß und Reiter versanken, verbrannten jämmerlich und gingen elend zu Grunde.

Der ganze Hof aber und die Edeln des Landes wählten nun den Jüngling zum Könige und krönten ihn mit der goldenen Krone. Dem Verbrannten gönnte man sein Schicksal, denn er hatte alle bedrückt und gepeinigt. Die schöne Prinzessin aber reichte ihrem Erlöser nun die Hand und bald fand die fröhliche Hochzeit des schönen Paares statt. Auch des Schimmels wurde nicht vergessen; der junge König blieb ihm dankbar sein ganzes Leben.

III.

Die drei Brüder.

Das ist nun lange her, da lebte im Mittellande der Steiermark ein Vater, der hatte drei Söhne. Da der Vater alt war und seine Wirthschaft ordentlich zu führen sich schon zu schwach fühlte, wollte er dem Jüngsten, Hansel mit Namen, Haus und Grund über= geben, denn diesen Sohn hatte er am liebsten, weil er gar so gutmüthig und folgsam erschien. Hansel aber war etwas schwachsinnig, und deßwegen mochten ihn die beiden andern Brüder nicht leiden, ja sie nannten ihn sogar einen „Trottel" (d. h. einen blödsinnigen Menschen). Daß Hansel gar Haus und Hof erhalten solle, war dem mißgünstigen Brüderpaare natürlich höchst unangenehm, und sie ließen nicht ab, den Vater zu bestürmen, er möge es dem Zufalle oder dem Glücke überlassen, wem von ihnen die Wirthschaft zu Theil werde, und zwar machten sie folgenden Vorschlag: Der Vater möge jeden von ihnen in die Fremde schicken, und wer nach genau einem Jahre den schönsten und besten Preis mit nach Hause brächte, der solle Herr sein von Haus und Feld,

— diesen Preis aber möge der Vater nach Gutdünken bestimmen.

Der Alte, schon um den Streit ein Ende zu machen, war's zufrieden. „Wer mir die schönsten Schuhe nach einem Jahre mit heimbringt," sprach er, „dem sei der Lohn zugedacht." Die Brüder aber machten sich auf den Weg und zogen in die Ferne.

Auch Hansel zog seiner Wege, ohne zu wissen wohin, unbekümmert um die Richtung, welche er einschlug. Er war nicht lange gewandert, so kam er zu einem Felsen, der breit und mächtig vor ihm stand. Halb un=bewußt klopfte er an das Gestein und zu seinem Er=staunen ertönt ein „Herein!" hinter der Steinwand. Ein gelinder Druck und dieselbe öffnet sich und zeigt ein schönes Gemach, mit vielen Büchern in dem auf einem Herde von weißem Marmelstein eine Katze auf rothsammtenem Polster ruthe. „Was ist dein Begehr?" fragte ihn das Thier mit menschlicher, freundlicher Stimme. Hansel antwortete: Ich suche einen Dienst für ein Jahr und um den Lohn von ein Paar Schuhen, wie man sie nicht schöner zu finden vermag." — „Du kannst hier bleiben," sprach die Katze, „und deine Arbeit sei, mir die Bücher und den Polster abzustauben." Damit wies sie ihm zugleich einen Tisch an, zu dem er, wenn er Hunger und Durst hatte, nur zu sagen brauchte: Tischl deck Dich"! so stand Speise und Trank darauf, auch versprach sie ihm am Ende seiner Dienstzeit die ge=wünschten Schuhe.

Als nun das Jahr um war, bat Hansel um seinen Lohn. Da sagte die Katze zu ihm: „Geh hinaus in die Rußkammer (Rumpelkammer), dort stehen oben auf dem

Brete ein Paar alte verschimmelte Schuhe, nimm sie
und geh zum nahen Bache, wo Du sie so lange waschen
sollst, bis sie glänzen." Hansel dachte nicht lange darüber
nach und that, wie ihm geheißen. Lange wusch er die
Schuhe, aber sie wollten nicht glänzen, da ritzte er zu=
fällig einen mit dem Fingernagel und siehe, es glitzerte
goldig hervor; die Schuhe waren eitel gold, dann hatten
sie auch die Eigenschaft, denjenigen der sie anzog, mit
einem Schritte meilenweit zu tragen.

Inzwischen waren die Brüder durch die Welt und
nach Hause gekommen; jeder hate ein paar Schuhe, die
ihm die besten und schönsten zu sein dünkten, vom treff=
lichsten Leder waren und prächtig glänzten, mitgebracht.
Einen Tag nach ihnen, denn er hatte sich beim Waschen
versäumt, kam Hansel. Mit seinen Schuhen konnten sich
die andern zwei Paare nun freilich nicht messen und der
Vater sprach: „Dem Hansel gehören Haus und Hof.
Ihr habt nie was auf ihn gehalten, aber seine Schuhe
sind gar gülden." Die Brüder aber sträubten sich dagegen.
„Eh wir das angehen lassen, gehen wir lieber noch ein
Jahr in die Fremde," sprachen sie, und der bedrängte
Vater mußte endlich nachgeben. Er bestimmte also wieder
einen Preis und verlangte den schönsten Krug. „Wer
diesen heimbringt, dem gehört die Wirthschaft.

Die Brüder zogen nun wieder aus. Hansel aber
begab sich zu dem Felsen, er traf die Katze wieder an
und erbat sich als Dienstlohn den schönsten Krug. Als
das Jahr um war, sprach die Katze zu ihm: „Geh in
die Rußkammer, dort steht auf dem Brette ein alter
Krug, nimm ihn und wasche ihn am Bach und zwar

dreimal, dann koste, ob das Wasser daraus schon gut zu
trinken ist." Hansel fand den Krug, er wusch ihn dreimal
und, o Wunder, als er das Wasser kostete, trank er den
besten Wein daraus, so daß er berauscht einschlief. Als
er erwacht war und wieder zur Katze zurückkam, fragte
sie ihn, wo er so lange gewesen. Er erzählte, was ihm
begegnet. „Nimm den Krug," sprach sie zu ihm und
eile so schnell als möglich nach Hause." Der Krug aber
war nun ganz aus Karfunkelstein und glitzerte und
funkelte nur so in der Sonne. Hansel dankte und eilte
heim, kam aber doch zwei Tage zu spät an, und die
Brüder hatten sich schon gefreut, daß er gar nicht wieder
kommen werde. Freilich hatten sie schöne Krüge mit=
gebracht, mit Vögeln und Blumen bemalt, aber was war
dies Alles gegen Hansel's Krug. Wieder sprach ihm der
Vater Haus und Hof zu, wieder aber sträubten sich die
Brüder dagegen. „Nun denn," sagte der Vater, „zieht
noch einmal, zum letzten Male aus, und wer mir den
schönsten und besten Tisch bringt, der wird diesmal
unwiderruflich die Wirthschaft erhalten."

Hansel ging getrost wieder zu dem Felsen und
diente der Katze ein Jahr lang um einen schönen Tisch
Als das Jahr um war, sprach die Katze: „In der
Rußkammer steht ein altes Tischlein, nimm dies, säubere
es und behalte es als Lohn." In der Kammer fand
Hansel wirklich das Tischchen, es war schwarz und un=
ansehnlich und als er dasselbe beim Bache wusch, wollte
es durchaus nicht schöner werden. Zornig fing er an
heftiger und immer heftiger zu schaben und zu kratzen
und plötzlich sah er helles Gold und Edelsteine durch=
schimmern, woraus der ganze Tisch zusammengesetzt war.

Dann hatte aber der Tisch auch die wunderbare Eigen=
schaft, daß man nur zu sagen brauchte: „Tischl deck
Dich!" so stand an Speisen und Getränken darauf, was
man begehrte. Allerdings hatte sich diesmal Hansl beim
Säubern und Waschen um drei Tage versäumt. Als er
nach Hause kam, hatten die Brüder schon zwei kunstvolle
Tische gebracht, aber keiner war so schön und hattte eine
so treffliche Eigenschaft wie der Tisch Hansel's.

Die Brüder waren aber auch diesmal unzufrieden,
sie wollten durchaus nicht, daß der blöde Hansel Herr
des Hauses werde und sie ließen dem Vater keine Ruhe
Der schwache Mann gab noch einmal nach. „Geht hin,"
sprach er „und sucht Euch jeder eine Braut. Wer die
schönste Jungfrau nach Hause bringt, dem gehört Grund
Haus und Hof." Die Brüder glaubten diesmal schon
gewonnen zu haben, denn Hansel war blöd und auch
recht garstig, und daß er eine schöne Jungfrau als Braut
mit heimbringen würde, glaubte keiner, wohl aber schien
ihnen dies ein Leichtes, denn sie waren wohlgestalt und
hübsch.

Hansel wanderte diesmal getrost zur Katze in dem
Felsen, welche ihm jedesmal geholfen, und erbat sich als
Jahreslohn eine schöne Jungfrau. Als das Jahr um
war und er um seinen Lohn zur Katze trat, sprach diese:
„Willst Du, Hansel, die schönste Braut mit heimführen,
so mußt Du mich jetzt erwürgen." Hansel aber wehrte
sich heftig dagegen und rief in Thränen: „Nein, nein,
das kann ich nicht thun, Dir kann ich kein Leid zufügen,
die Du mir so viel Gutes gethan." Die Katze aber
sprang ihm wie wüthend auf diese Worte hin in's Ge=

sicht, kratzte ihn blutig und richtete ihn so zu, daß er, seiner selbst nicht mächtig, das Thier packte und ihm den Hals umdrehte. In diesem Augenblick aber erdröhnte ein furchtbarer Donnerschlag, daß die Erde erbebte, und Hansel befand sich in einem prächtigen Pallaste, vor ihm aber stand die schönste Prinzessin und sprach mit süß= melodischer Stimme: „Du bist mein Erlöser und darum auch mein Bräutigam." Nun ward es auch hell in Hansel's Verstande und er wurde an Geist und Leib wie umgewandelt, ein schöner kräftiger Jüngling, ge= kleidet wie ein Prinz stand er vor der holden Jungfrau. Diese aber gab ihm nun eine Ruthe in die Hand und führte ihn durch alle Säle und Gemächer des Schlosses, das so lange verwunschen gewesen war und in dem er viele Menschen und Thiere im tiefsten Schlafe liegen sah. „Nimm die Ruthe und berühre Jedes damit," sagte die Prinzessin; er that es und jedes erwachte davon. Zahlreiche Dienerschaft umgab bald die Beiden, welche ehrerbietig der Befehle des Paares harrte. Und auf das Geheiß der Prinzessin brachten sie nun kostbare Gewänder und Gewaffen und schmückten den Bräutigam. So fuhren dann Beide mit einem goldbeschlagenen Viergespann und von vier anderen Wagen begleitet, in denen sich die Dienerschaft befand, zum heimat= lichen Hause.

Die Brüder waren seit vier Tagen mit ihren Bräuten anwesend und freuten sich schon über Hansel's vermeintlichen Tod. Freilich überstrahlte nun an Lieb= reiz und Schönheit die Prinzessin die beiden anderen Jungfrauen und der Vater weinte vor Freuden. Hansel vergalt aber Böses mit Gutem, er überließ das Vaterhaus sammt Grund und Feld den Brüdern und sprach zu ihnen: „Mögt Ihr darin mit Euren Gattinnen glücklich." Den Vater aber nahm er mit auf sein Schloß, und dort lebten sie lange glücklich und zufrieden bis zu ihrem gottseligen Tode.

Inhalt.